四川省大学生廉洁文化创作大赛

获奖作品集

2023

中共四川省委宣传部 编

四川大学出版社
SICHUAN UNIVERSITY PRESS

图书在版编目（CIP）数据

四川省大学生廉洁文化创作大赛获奖作品集．2023 /
中共四川省委宣传部编．— 成都：四川大学出版社，
2024.2
　　ISBN 978-7-5690-6715-6

　　Ⅰ．①四… Ⅱ．①中… Ⅲ．①大学生－品德教育－中
国 Ⅳ．① G641.6

　　中国国家版本馆 CIP 数据核字（2024）第 043579 号

书　　　名：四川省大学生廉洁文化创作大赛获奖作品集（2023）
　　　　　　Sichuan Sheng Daxuesheng Lianjie Wenhua Chuangzuo Dasai Huojiang Zuopinji（2023）
编　　　者：中共四川省委宣传部

选题策划：陈　蓉
责任编辑：陈　蓉
责任校对：刘一畅
装帧设计：墨创文化
责任印制：王　炜

出版发行：四川大学出版社有限责任公司
　　　　　地址：成都市一环路南一段 24 号（610065）
　　　　　电话：（028）85408311（发行部）、85400276（总编室）
　　　　　电子邮箱：scupress@vip.163.com
　　　　　网址：https://press.scu.edu.cn
印前制作：成都墨之创文化传播有限公司
印刷装订：四川华龙印务有限公司

成品尺寸：185 mm×260 mm
印　　张：20
字　　数：247 千字

扫码获取数字资源

版　　次：2024 年 4 月　第 1 版
印　　次：2024 年 4 月　第 1 次印刷
定　　价：128.00 元

四川大学出版社
微信公众号

为深入学习贯彻习近平总书记关于党风廉政建设、廉洁文化建设的重要论述，贯彻落实党中央关于加强新时代廉洁文化建设的部署要求，大力营造和弘扬崇廉尚洁的良好风尚，四川围绕扣好廉洁"第一粒扣子"主题，聚焦青年学生和年轻干部等重点群体，精心策划形式多样、内容新颖的系列主题活动，搭建全龄化、全链条、全社会共同参与的活动体系。

廉洁文化公益广告创作大赛紧扣崇廉尚廉传廉主题，以正能量为主旋律，以"艺术＋创意"为总要求，面向社会（含各大高校）征集、评选一批廉洁文化主题公益广告，择优进行线上线下展播，不断扩大廉洁文化宣传教育的覆盖面与影响力，增强全社会尤其是高校青年群体对廉洁文化的知晓度、认可度、参与度。

活动期间，四川省委宣传部委托全国大学生广告艺术大赛四川（西藏）赛区、四川省大学生广告艺术大赛（以下简称"大广赛"）以"特别命题"的形式，面向全省百余所高校发出了廉洁文化公益广告创作征集令，首次开设了人工智能赛道进行艺术创作，为探索科学与艺术的融合发展做了一次有益尝试。本次比赛共征集到平面、视频、音频、H5 等各类创意作品 8345 件，评选出一等奖、二等奖、三等奖作品共 1020 件。

2023 年度廉洁文化公益广告创作大赛取得圆满成功。经征得有关方面同意，我们将本次大赛的主要获奖作品集纳出版，这既是对大赛重要成果的全面总结和宣传展示，也是对廉洁理念传播和廉洁文化产品供给的一种促进和推动，以期激发读者对廉洁文化创意的创作热情和灵感。

公益广告作品一定要坚守社会价值，强化创意表现，利用好数字化公益传播的工具与方法，创造服务社会发展和人民美好生活的更大更好的公益效果！

人工智能发展是这个时代最重要的事情之一，工业社会向数字社会迈进，改变我们的传播活动，正在形成数字时代的新型营销传播体系。目前，新的操作模式和技术的变化还在进行，同学们应该积极参与，研究变化的规律，打好基本功，学习 AI 技术，掌握数字营销传播的理念与技能。

陈刚　北京大学新闻与传播学院教授

大广赛的宗旨是让学生受益，让教学受益，让老师受益。从 2005 年开始到现在，大广赛从最传统的广告表现方式到有了一些新的东西。将来的命题和命题方式，以及大家的创作方式会进一步与时俱进，逐步地满足同学们对新技术、新思维、新方法的运用。

在全国的赛事中，我个人认为会开通 AI 这个赛道，但是你是需要去标明，跟非 AI 作品应该是两个赛道。

创作需要打碎重新组合，才能成就最好的作品。千万不要找一个榜样，也不要找一个模板，即使是历史上或者课堂上看到的牛得不行的作品。如果把它们当作模板，那你就失败了。

丁俊杰　中国传媒大学教授

创作不一定来自实际形象，抽象艺术的创新概念也会受评委喜欢，我记得一个视频作品内容是感受风和云的那种飘动，也没有台词。

事物在发展中不断地产生新形态、新内涵。你的语言，你的形象，你的思想，你的个性，要有和别人不一样的地方。作品要有深度的创意理念，也要有个性化的形象，才会比较容易成功。评审看了上千件同样命题的作品，如果视觉上没有一个很好的个性化的表达，很容易就扫过去了。创意，首先还是要有个性。

金定海　上海师范大学人文与传播学院教授

建议同学们可以围绕讲好品牌故事策划执行自己的方案。首先，要明白"国王死了，王后也死了，不是故事。国王死了，王后因悲伤过度而死才是故事"，要将情感带入，品牌故事才能打动人心。其次，一定是自己熟悉的、热爱的、区隔的内容，把国潮国风、地方特色、区位优势融入作品创意中，才能让大量的作品变成背景而凸显出来。最后，表达手段要有新意，新媒体、新场景、新话语，都能让创意概念更好地触达目标人群。大巧若拙也不失为一种策略，学生的稚嫩和质朴也会让评委耳目一新。祝参赛同学释放青春活力，取得优异成绩。

张殿元　复旦大学新闻学院教授

"十四五"规划明确提出要坚持政治导向、意识形态导向、舆论导向和以人民为中心的作品创作导向，广告创作也需要注重其文化传承功能。

拥抱新技术，数字时代可能是我们每一个老师、每一个学生、每一个学科和专业都应该面对的事实。我们要勇敢拥抱它，而且要把这些新技术转化为我们的知识财富，变成社会生产力。

在和四川大广赛相关专家学者的交流过程中能够看到，四川的作品一方面是在命题的把握上，能够领会命题的内核的业内要求，在定位上、表现上和创意上执行得比较好；另一方面四川大广赛的获奖者能够结合巴蜀文化，利用丰厚的文化积淀，创造出适合的很好的作品。

杨海军　上海大学新闻传播学院教授

创意是广告的灵魂，也是四川大广赛的基本原则。从 2005 年开始竞赛以来，我们创意办赛，程序化处理比赛数据，探索 AI 赛道，保证比赛的公平公正性和前沿性。举办"廉洁文化"等公益广告比赛，让学生深度学习、创意表达相关文化，提高学生的实践能力，助力政府、企事业单位的宣传教育。

杨效宏　四川大学文学与新闻学院教授

目录

获奖作品展示

01

平面类 ∨　主题海报

平面类 ∨ 主题海报

平面类 ∨ 表情包

平面类 ∨ LOGO

平面类 ∨ IP 动画形象

平面类 ∨ AI

02

音视频类 ∨ 短视频

音视频类 ∨ 短片

音视频类 ＞ 微电影

音视频类 ∨ 动画

音视频类 ∨ H5

音视频类 ∨ 音频

03

文本类 ∨ 策划

文本类 ∨ 微博与朋友圈

文本类 ﹀ 微小说、微剧本

文本类 ∨ 创意文案

获奖者说
/290

01

PINGMIANLEI

平面类

A 主题海报

一等奖

A1.《文化海报设计》

作者：周成秀

指导老师：杨芒

乐山师范学院

　　红色文化是中华文化非常重要的一部分，老一辈人对红色文化产品有更多的情感诉求。作品从革命历史出发，取材于当地红色故事，将具有代表性的爬雪山过草地的草鞋、马灯、军号、军用水壶等有形元素同红色信仰、红色精神等无形元素联系起来进行红色主题创意设计，传承和弘扬文化精神，描绘出时代特色与风尚，利用红色文化创作传承红色精神。在整体色彩上选择了高明度和高纯度来表现，互补色的应用使画面的整体视觉效果更强，形成一批有特色、有思想、有趣味的招贴海报作品，契合了新时代年轻人的审美趣味，使红色革命文化更加广泛地传播。

A2.《廉洁牢记心中》

作者：宋新杰、唐志雄

指导老师：徐天韵

西华大学

　　作品用当代三个杰出的廉洁代表人物和梅兰竹菊"四君子"结合制作了三张主题插画海报，目的是宣传廉洁文化，宣传党的使命，宣传党全心全意为人民服务的宗旨。运用明亮的颜色彰显祖国未来一片光明。

（效果展示，场景运用）

作品选用了中华传统文化中象征"清廉"的物作为展现廉洁文化的意象。例如以铜为镜可以正衣冠，镜子用于宣传廉洁文化也很适合；竹中通外直，鹤自古也是正直脱俗的意象，所以画面也以竹和鹤作为主体来展现廉洁文化。

A3.《物鉴廉》

作者：王雨

指导老师：曹晓婧

四川电影电视学院

A4.《先锋》

作者：曾洋、罗庆林

指导老师：刘毅

四川汽车职业技术学院

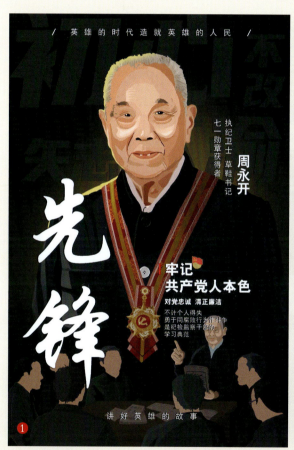

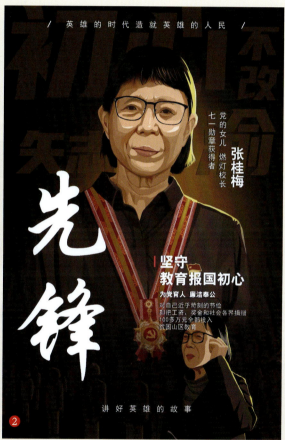

　　作品以周永开、张桂梅这两位典型人物的先进事迹为创作源泉，通过 CG 手绘插画的形式展现人物形象，旨在弘扬他们忠诚于党和人民，廉洁奉公，无私奉献的精神。

A5.《"贪"得一时"今"日财、悔恨余生阶下"囚"》

作者：韩雪

四川大学

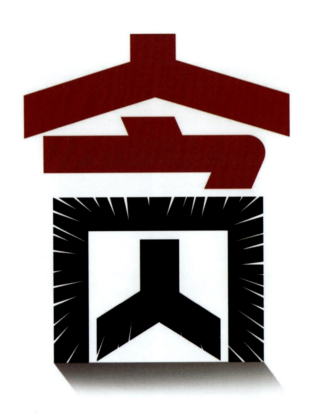

本作品解构了"贪"字，"贝"表示金钱名利，"贝"和"囚"字形上只是一横的区别，这一横就表示"一念之差"。因为一个贪念，今日还是"父母官"，明日就成"阶下囚"。

A6.《听诗话"廉"》

作者：魏梦晴

指导老师：徐天韵

西华大学

本系列作品灵感源于《竹石》《青松》《墨梅》等古诗对廉洁的阐释。结合廉洁需要人的执行和传承这一思考，将廉洁之美比作孤傲的梅花；把清正比作坚韧挺拔的竹子；以墨染的池水喻示腐败与污浊，并与皎洁的月光作对比；用流水代表廉洁源远流长的历史，以示廉洁这一高尚品格代代相传。

别因情色失去理智

0.1		4.0
0.15		4.2
0.2		4.3
0.3		4.5
0.5		4.7
0.6		4.8
0.8		4.9
1.0		5.0
1.5		5.2
2.0		5.3

别为权势沉迷沦陷

0.1		4.0
0.15		4.2
0.2		4.3
0.3		4.5
0.5		4.7
0.6		4.8
0.8		4.9
1.0		5.0
1.5		5.2
2.0		5.3

A7.《钱权色》

作者：刘家城

指导老师：屈梅

内江师范学院

　　作品通过视力表的方式，来警示人反思自我，奉行廉洁。

别被金钱蒙蔽双眼

0.1		4.0
0.15		4.2
0.2		4.3
0.3		4.5
0.5		4.7
0.6		4.8
0.8		4.9
1.0		5.0
1.5		5.2
2.0		5.3

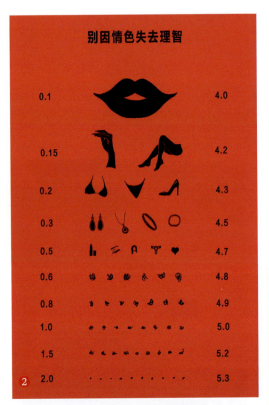

作品为系列海报，分别为清廉海报与家风海报。清廉海报主要说明"清心为治本，直道是身谋"，题材以獬豸、锦鲤、龙、莲花为主，祥云、浪花为辅。家风海报主要说明"儒门家风廉，忠诚正气传"，以丹顶鹤、人物为主，竹子、梅花、扇子、祥云为辅。两张海报从字体设计上给人以启示。

A8.《"清廉家风"》

作者：车文宇

指导老师：徐天韵

西华大学

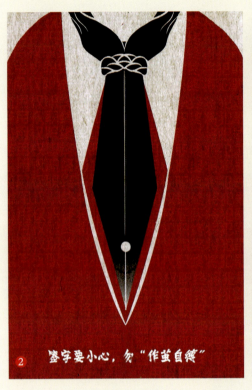

签字要小心，勿"作茧自缚"

慎权

盖章要慎重，勿"作法自毙"

A9.《一念定身谋》

作者：宋姗娱

指导老师：王正平

四川文理学院

作品以红色为主，黑白为辅，使画面形成对比，敲响廉洁警钟。作品以手展开联想，通过色块的方式表现公职人员可能的工作场景，体现加强新时代廉洁文化建设的重要性，警示广大党员干部自觉不腐，以免一念之差，黑白两别。清清白白做人，干干净净做事，严厉惩治贪腐，规范权力运行。

A10.《贪腐贿止于廉》

作者：高笛晓、李佳慧

指导老师：江霞

四川农业大学

贪污终将消散

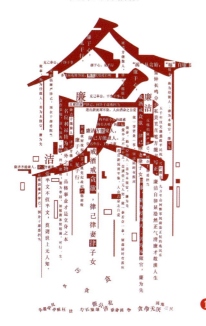

贿赂终将消散

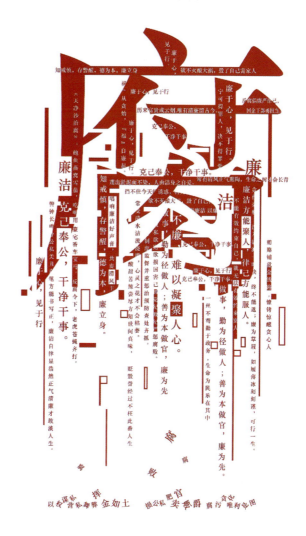

腐败终将消散

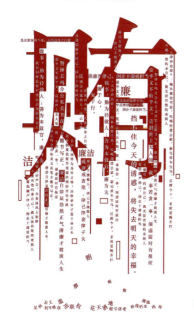

作品通过展示与廉洁相关的短语和句子，直击贪污、腐败、贿赂，使其消散，象征着一切坏的行为终将被制裁。作品主体是贪、腐、贿三个大字，廉洁短语和句子穿插在字里面，图片底部散落的几个词代表着不好的行为。

A11.《"廉"》

作者：李葳

指导老师：张舒雅

四川华新现代职业学院

作品旨在提高公民意识，呼吁人们从自身做起，树立廉洁意识，反对贪污腐败。海报中的"廉"字和用刀叉比喻的监狱形成对比，主色调为红色和白色，寓意着庄重、清明和纯洁。海报中的红色类似于印章，代表着对廉洁的信仰和承诺，提醒人们要保持清正廉洁的品质，拒绝腐败和不道德的行为。

作品通过不同意象抽象组合成廉洁二字来表达"廉以养正，洁己奉公"的概念。在画面中，竹节象征着高贵的气节，直尺代表廉正不可含糊，放大镜则代表廉政之风需要贯彻到每一个细节之处。在第二幅海报中，莲花、量角器和消毒针筒传达出高洁不染的主题。二者共同传达着廉洁文化生生不息的理念。

竹廉拔节起　清风润心田 ❶

莲洁亭玉立　清泉植正身 ❷

A12.《廉以养正 洁己奉公》

作者：陆荟谦、寰杰奇

指导老师：许亮

四川大学

一块表？不止！

别被你的贪欲困住
Don't be trapped by your greed.

❷

一顿饭？不止！

别被你的贪欲困住
Don't be trapped by your greed.

❸

一辆车？不止！

别被你的贪欲困住
Don't be trapped by your greed.

❶

A13.《不止》

作者：史嘉欣

指导老师：曹邑

四川大学

本系列作品一共三幅，分别以"车辆""手表""饭局"来代表比较常见的贪腐形式，并将其与手铐结合，旨在提醒受众：不管是接受什么形式的、或大或小的贿赂都是贪腐行为、违法行为，终将受到法律的惩罚。通过系列作品的展示，向受众传达"不要被贪欲困住"的理念，在受众心中种下一颗"反腐倡廉"的种子，使其做到"植廉于心，践廉于行"。

以制度 束权力

要加强对权力运行的制约和监督，把权力关进制度的笼子里，形成不敢腐的
惩戒机制、不能腐的防范机制、不易腐的保障机制。
——习近平总书记在十八届中央纪委第二次全会上的讲话，2013年1月22日

习近平总书记在十八届中央纪委第二次全会上提出："要加强对权力运行的制约和监督，把权力关进制度的笼子里，形成不敢腐的惩戒机制、不能腐的防范机制、不易腐的保障机制。"作品以田字格为制度的形象代表，告诫人们权力在其中，刺绳为边界，权不越线。

A14.《以制度、束权力》

作者：钟羽彤、缪芊艺

指导老师：刘卜水

四川信息职业技术学院

A15.《走正确的路》

作者：赵雅洁

指导老师：伍妍

四川师范大学

作品将汉字"廉"与"腐"进行拆分组合，再与迷宫进行同构，并只在"廉"字部分的右下角设置了出口，以此来表达不要迷失初心，只有廉洁奉公才是正确的选择。

不要把**权力**
明码标价

1

A16.《切勿"明码标价"》

作者：杨邦宇

四川工商学院

不要把**公正**
明码标价

2

不要把**责任**
明码标价

3

作品受"不收曰廉，不污曰洁"启发：为官廉洁，就要不接受他人馈赠的钱财礼物，不让自己清白的人品受到玷污。由清廉的反面想到腐败，再衍生到"收礼"这个行为，提取现在常见的手机付款码界面表达"受贿"这个行为，用官帽（长翅帽）、法槌、天平来代表权力、责任、公正。作品意在表现不要用金钱来决定权力、责任、公正，要守住廉洁。

本系列作品分为《反腐用重拳》《反腐有决心》《反腐要彻底》三幅海报，画面主体为一只手，用手势来与观者交流。画面简洁但有力量，红白搭配醒目且经典，既能让人联想到党性原则，又能起到警示的作用。

A17.《反腐在行动》

作者：胡茜茜

指导老师：曹邑

四川大学

本系列海报作品，主要根据习近平总书记关于反腐倡廉的重要指示而展示。系列海报风格统一、简洁明了、清晰易懂，确切地从格言、谚语、警语、习语中体现廉洁。旨在反腐反贪，弘扬廉政文化，警示每个公民厚植清廉文化、涵养清风正气。

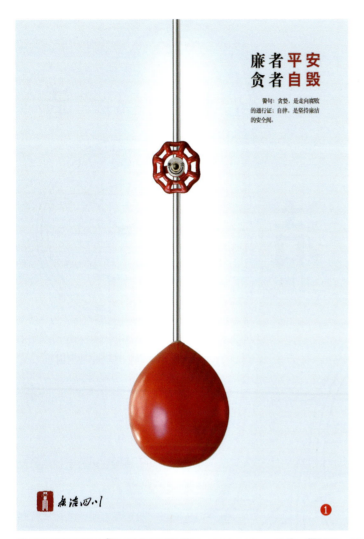

A18.《清风正气》

作者：李富喻

指导老师：刘卜水

四川信息职业技术学院

A19.《绳贿》

作者：刘一凡

指导老师：刘婧

成都信息工程大学

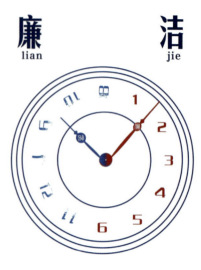

遵章守法事事顺，违法犯规时时难。

Abiding by regulations and laws is always smooth, while breaking laws and regulations is always difficult.

❷

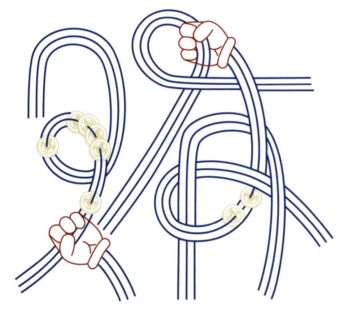

贿 如 绳 索 朝 朝 紧 ， 贪 若 沼 泽 步 步 深

Bribery is like a rope facing tightly, and greed is like a swamp stepping deep.

❶

　　根据廉洁的名言警句进行设计，第一张以"贿"字为主题，对贿字进行线条的编写，从警句"贿如绳索朝朝紧，贪若沼泽步步深"中获取灵感，将"贿"与古代的钱币进行联想，把钱币串在贿字上面，同时从贿字伸出来的手紧紧抓住贿，寓意"贿如绳索朝朝紧"。第二张海报，从廉洁的警句"遵章守法事事顺，违法犯规时时难"获得灵感，将时钟看作正反两方做红蓝颜色设计，同时赋予时钟线条感，从而组成了一张海报。

一品
清廉（莲）

廉 政 清 明

心似荷花

常浴清波

能涤垢

心在莲城

莫动贪心

且看十万荷花

永保
廉心

风前荷
咏清平乐

清心
妙语

QING XIN

A20.《一品清廉》

作者：廖慧妍

指导老师：刘婧

成都信息工程大学

品如明月

不沾贪字

可称廉

LIAN JIE

　　莲花象征圣洁高贵，其音谐"廉"，表示廉洁之风骨。莲花有"清正廉洁"的寓意。此作品对莲花形象进行绘画设计，把莲蓬分成两部分，一半是正常的莲子，一半莲子被替换成了金钱，颜色变得污浊。警示我们要品正行端，品如明月，莫动贪心，永保廉心。

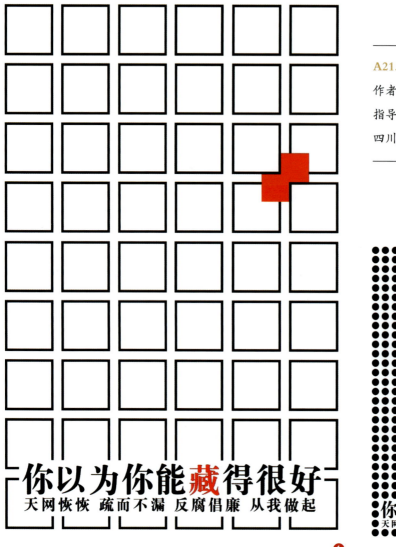

①

A21.《你以为你能藏得很好》

作者：滕羽菲

指导老师：赵帅

四川大学

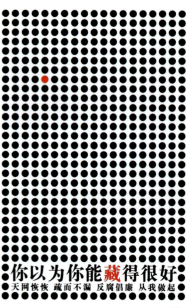

③

②

作品运用点线面元素，将数量众多且相同形态的点线面排列开来，代表廉洁立身之人，将红色形态和其他颜色形态区分开来，虽然混杂在数量众多相同形态的元素之间，但因为微妙的差异让人一眼就能发现，寓意在于贪污腐败无处可藏。

A22.《廉吏·廉洁》

[省纪委评选为：四川省第二届"510"（我要廉）廉洁文化宣传月活动平面设计三等奖]

作者：吴玉欣

指导老师：赵浩

成都大学

中华廉洁文化源远流长，古往今来，有多少清正廉洁、务实为民的清官廉吏受到百姓的崇敬与爱戴，他们的形象深入人心，他们的故事久久传颂。本次海报设计以字画结合的形式，在"廉洁"的文字中勾勒出清官廉吏的嘉言懿行，同时展现我们国家在党的廉政领导下于国防、科技等方面取得的一系列辉煌成就，寓意为从古至今，国家的发展都离不开廉洁文化。无论历史如何变迁，无论时代怎样发展，廉洁永远是时代的呼唤，廉洁永远是人民的期盼，以此来达到对廉洁文化的宣传推广。

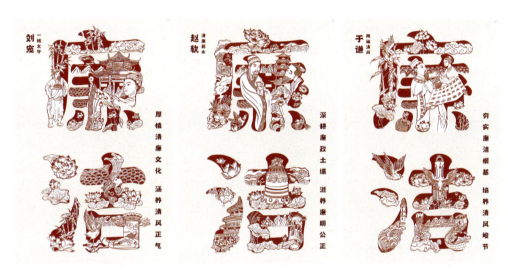

● 设计延展

莲花，谐曰"廉花"，廉洁之花也；又曰青莲，谐曰："清廉"，清廉之物也——这是现代文化尤其是谐音文化赋予莲花的核心寓意。在当前反腐倡廉的大环境下，莲花几乎成为清政廉洁的代名词。竹是花中"四君子"之一，象征着永远不屈服的骨气和谦逊的胸怀，它四季长青，生而有节，也因此象征着高风亮节。作品采用竹和莲作为海报主体元素，暗示我们做人做事都要和竹一样刚正不阿，坚守原则，和莲一样不败不染，清风长存，立身清白。

A23.《莲竹双清》

作者：陈秋吉、蒋朝翠

指导老师：闻世亮

南充文化旅游职业学院

A24.《廉洁之风》

作者：邓蕾、李茜

成都理工大学

用图形组成字体的形式，来讲述五四精神、三大改造、二十大精神，弘扬清廉之风。

养清廉之气 摒腐败之风

继承五四精神 发扬清廉风采

落实二十大精神 永葆清正廉洁风

A25.《反腐倡廉》

作者：胡明卓

指导老师：江霞

四川农业大学

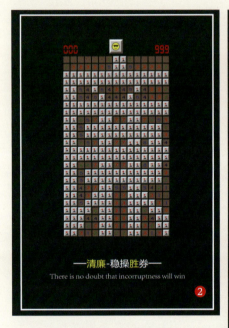

—清廉-稳操胜券—
There is no doubt that incorruptness will win

②

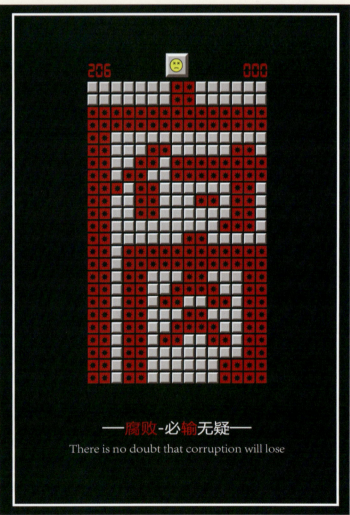

—腐败-必输无疑—
There is no doubt that corruption will lose

①

作品借用扫雷游戏的两种结局象征腐败和清廉截然相反的结果。腐败的每一步踩到的都是雷，而清廉可以完美地避开所有危险，用这种扫雷游戏的结局间接表达出腐败的危害。腐败是不可能胜利的，是会害人害己的，只有清廉才能稳操胜券！

廉政
incorrupt government

廉洁

─剑 斩 贪 腐─
Sword Slaying Corruption and Corruption

A26.《剑斩贪腐》

作者：焦清龙

指导老师：彭琳

四川文理学院

作品主体以文字构成图像，旨在宣传廉政思想。海报强调的是廉洁、清正、公正的政治道德。用廉政的警示语构成一把宝剑，斩除贪污、腐败。作品不仅响应时代与社会的号召，更描绘了对人们思想的引导。警示那些贪污腐败的人，廉洁一定会铲除贪腐。

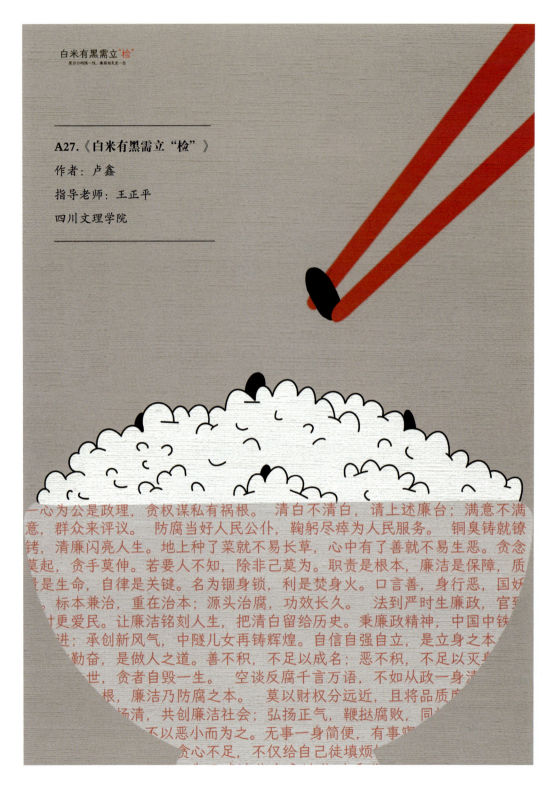

A27.《白米有黑需立"检"》

作者：卢鑫

指导老师：王正平

四川文理学院

白米有黑需立"检"。黑白分明隔一线，廉腐相克差一念。

国正天心顺，官清民自安。国家政风端正，天意就顺应；官吏清廉，人民就安定。党和政府惩贪治腐、弘扬正义，心系群众、执纪为民，勇于担当，才有治下城市繁荣昌盛，人民幸福。作品用乐山大佛、都江堰等地点加上莲花和仙鹤元素表现城市发展，以剪纸风格表现繁荣。

A28.《官清民自安》

作者：贾一亢

指导老师：侯亚红

成都理工大学工程技术学院

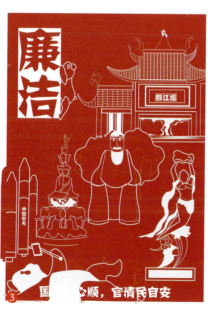

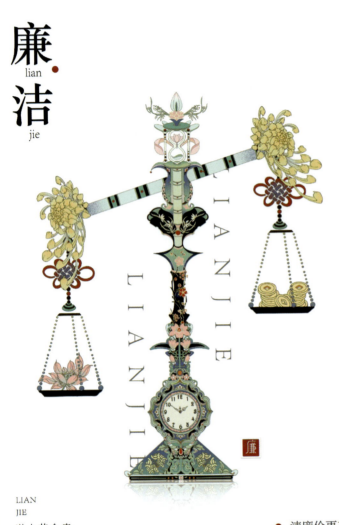

A29.《清"莲"》

作者：唐思怡

指导老师：刘婧

成都信息工程大学

　　第一张海报，以"世上黄金贵，清廉价更高"作为主要文案来表现廉洁主题，运用了不同的廉洁意象创造出了一个全新的形象，以天平为主，堆叠莲花、玉兰、钟表等意象，以此来表现廉洁。天平一端使用轻的莲花，另一端使用沉重的金币，而莲花却比金币重，形成对比，以此来表现"世上黄金贵，清廉价更高"。第二张海报，以"廉洁以安心，清政以慰民。静心映清水，正行照蓝天"文案来表现廉洁主题。颜色以蓝白色为主来表现文案中的清水和蓝天。海报重新设计了廉洁字体，以竹子作为字体主要元素来表现廉洁的主题。以第一张的"莲"和第二张的"清"来组成这一组作品，取名为清"莲"，谐同清廉。

"规矩"二字笔画不多，但对每一个党员领导干部而言，自觉遵奉党内规矩为人生戒律，努力把规矩真正写在心里，又岂可说是一件易事。海报以红绿灯为主体，斑马线作为背景，以道路通行的规矩来表达党关于反腐倡廉的规矩。提醒人们保持清正廉洁的品质，拒绝腐败和不道德的行为。

立规矩 讲规矩 守规矩

人不以规矩则废，党不以规矩则乱

A30.《规矩》

作者：曾誉静

指导老师：刘卜水

四川信息职业技术学院

A31.《以廉为向》

作者：高鑫

指导老师：晏安

阿坝师范学院

作品包含三张海报，海报中的三位人物——于成龙、张伯行、包拯，均是历史上有名，极具清廉、公正品行的人物；莲花、竹子也是古往今来一直代表着廉洁、洁净的事物。在风格上，为国潮写实风。在色彩上，为了呼应廉洁的主题，选择了绿色作为基础颜色。在画面中加入了洁、廉、公、正、清五个字，与主题相呼应。这几个字是在一幅打开的画卷中呈现的，通过变形的手法使画卷扭曲成一条路，代表着不管我们身处何地，人的品格都应高洁、公正、清廉。

A32.《廉植》

作者：程田莉、宋依帆

指导老师：徐天韵

西华大学

　　将莲花、兰花、竹子三种植物，用刺绣的效果展现出来，呈现出有细节的作品，让人看了想再多看一眼，从而达到好的传播效果。

❶ 出淤泥而不染,濯清涟而不妖

❷ 不因纫取堪为佩,纵便无人亦自芳

❸ 唯有团团节,坚贞大小同

A33.《**廉洁文化之三线建设**》

作者：陈小双、徐双梅

指导老师：王莉琴

攀枝花学院

作品以三线建设为主题，突出其中成昆铁路建设的艰辛。海报整体上以蓝红色相结合，蓝色代表着静谧、沉着和深远，红色代表着热血兴奋、积极向上，而红色和蓝色搭配的寓意是美好的生活；对喇叭和三线建设雕塑进行塑造，体现出人民积极响应国家的号召，参与到三线建设当中，为了美好生活而奋斗的热血场景，深刻反映出红色廉洁文化。

面对世间纷繁的诱惑，我们要做到坚守初心、抵制诱惑、保持廉洁。作品紧紧围绕"保持廉洁，别被金钱所束缚"的主题，运用金钱符号，直观地表现了在金钱面前，如果抵挡不住诱惑，将会被紧紧束缚，以致挣不开双手、迈不开双脚。

别被金钱束缚了双手

A34.《保持廉洁，别被金钱所束缚》

作者：宋洁

指导老师：徐天韵

西华大学

别被金钱束缚了双脚

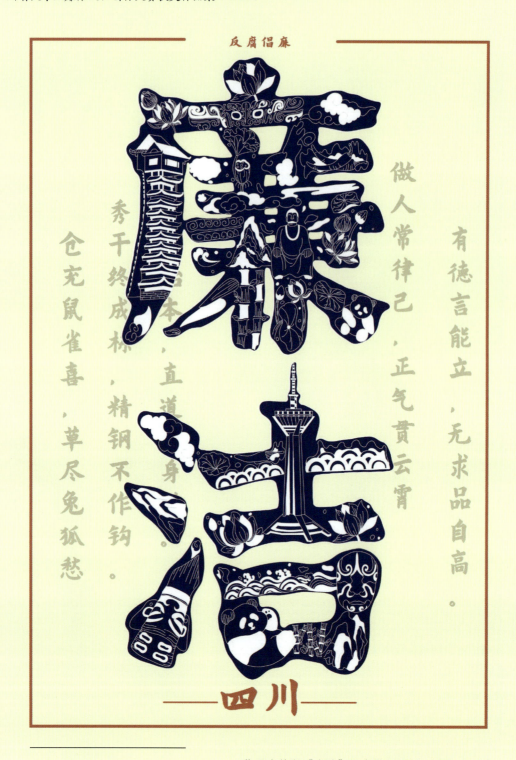

A35.《廉洁四川》

作者：王媛媛

指导老师：王棱

眉山职业技术学院

作品主体以"廉洁"两字进行再创，融合了四川文化让海报更具有地域特色，字体与图案主要采用了蓝色和白色象征纯洁与公正，提醒人们要保持清正廉洁的品质，拒绝腐败和一切不道德的行为。

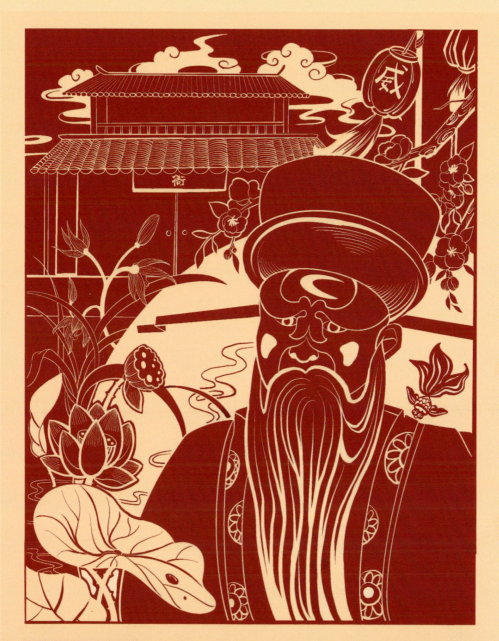

 清心为治本，直道是身谋。

A36.《清廉为民》

作者：袁嘉俊、黄世昀

指导老师：张丹

成都理工大学

作品选用了包公的形象，背景为衙门、梅花、荷花和兰花簇拥着，代表从古至今清正廉洁，清明正直。

A37.《贪腐贿困于廉》

作者：李佳慧、高笛晓

指导老师：江霞

四川农业大学

作品通过使用廉洁的短语，把贪、腐、贿围起来，意味着贪污、腐败、贿赂都无处可逃。四周的字与中间的留白形成了鲜明的对比，突出了贪污、腐败、受贿无法逃脱。

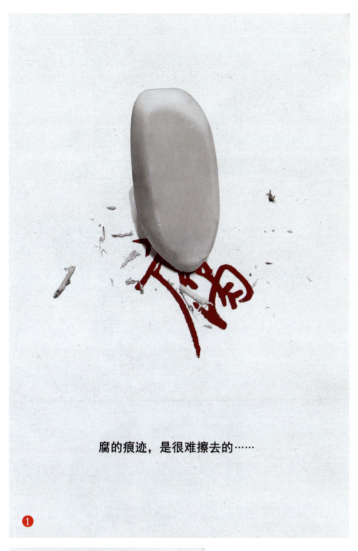

腐的痕迹，是很难擦去的……

①

不要把权力
明码标价

202205 220510

Don't put a price on power.Don't put a price on power!

②

雪球会越滚越大，勿以恶小而为之

③

作品以"廉洁"为主题，分别以橡皮擦、条形码、雪球为表现形式，以橡皮擦难以擦去腐的痕迹、条形码的明码标价成了权力的牢笼、"色财权"的雪球越滚越大为联想，充分展示了"廉洁"的设计理念。

A38.《何不廉洁》

作者：叶伟豪、曾文熙

指导老师：谭杰

四川师范大学

A39.《一念之间》

作者：王欢欢

指导老师：潘红莲

绵阳师范学院

"廉"与"腐"，开头都是一点一横一撇，一样的开始，却是不一样的结局，这警示人们廉、腐在一念之间。作品以"廉腐"二字为基础进行绘画，廉字使用红色，腐字使用黑色，并加上相应内容。中国传统文化剪纸，又叫刻纸，是一种镂空艺术，是中国汉族古老的民间艺术之一，作品在绘画中融入了剪纸风格。

A1

二等奖

A1.《廉洁文化润心田》

作者：刘盟、章铭藓

指导老师：毕君

西华大学

A2.《传古今经典、树当代风范》

作者：庆军伟

西华师范大学

A2

廉洁公正

贪念猛于虎——守一颗丹心
思于秋廉吏——肩重任在肩

A3.《廉洁》

作者：刘颖、李雯

指导老师：文江

四川师范大学

A4.《廉洁为民 风气清正》

作者：刘翰楠

指导老师：金茂

四川师范大学

洁己奉公

莲只盛夏——廉则千秋
不败不染——罪恶难藏

A3

A4

A6

A6.《新武松打"腐"》

作者：韩雪

四川大学

A5.《多一"点"都不行》

作者：刘银辉、程铁男

指导老师：万延

四川师范大学

A5

A7.《"清心妙语"之廉教廉校系列海报》

作者：林茜贤

指导老师：吴双翼

成都信息工程大学

A8.《廉政日报》

作者：郭洁、胡可

电子科技大学成都学院

A8

A7

A9

A10

A9.《势不两立》

作者：韦震群、夏琪琪

指导老师：江瑜

西南民族大学

A10.《巴蜀之地，清廉之风》

作者：沈小钧

指导老师：汪洋

四川工商学院

 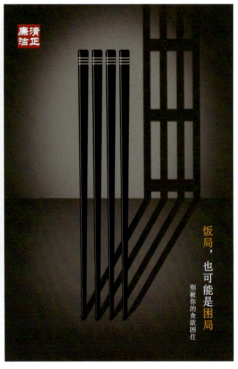

A11

A11.《饭局，也可能是困局》

作者：史嘉欣

指导老师：曹邑

四川大学

A12.《反腐倡廉》

作者：曾春燕

指导老师：朱德珍

四川轻化工大学

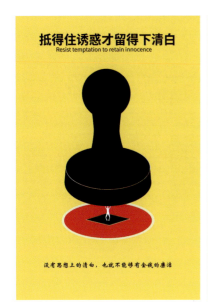

A13

A13. 《钱权的诱惑》

作者：但秀、李雪

指导老师：侯亚红

成都理工大学工程技术学院

A14. 《牌坊说廉》

作者：甘宛薷

指导老师：高登明

内江师范学院

A14

A15

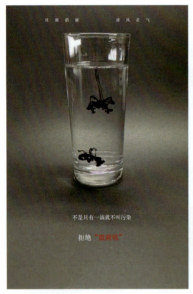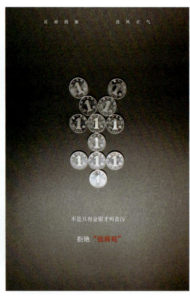

A16

A15.《弘扬家教家风 – 德孝俭》

作者：钟睿茜

指导老师：王铭曦

四川城市职业学院

A16.《拒绝"微腐败"》

作者：蒋香格

指导老师：孙昊璟

四川传媒学院

A18

A17.《廉洁——"脸"洁》

作者：龙梦茜

指导老师：李扬

成都锦城学院

A18.《囚》

作者：段鑫

指导老师：程辉

西华大学

A17

A19

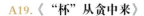

A19.《"杯"从贪中来》

作者：王幸子

指导老师：梁桂民

四川工商学院

A20.《清正廉明·廉正之风》

作者：杨海燕

指导老师：郑阳

四川文化产业职业学院

A20

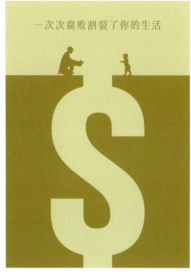

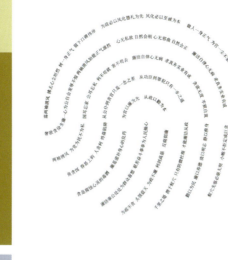

不贪不占，以品行得声誉，全心全意，当公仆赢人心
No greed, no occupation, reputation for conduct, wholehearted, when public servants win people's hearts

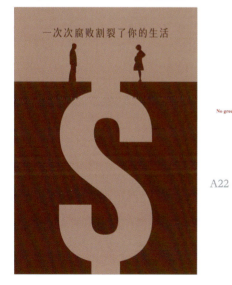

不贪不占，以品行得声誉，全心全意，当公仆赢人心
No greed, no occupation, reputation for conduct, wholehearted, when public servants win people's hearts

A21.《腐败割裂生活》

作者：梁乃丹

指导老师：赵浩

成都大学

A22.《纹廉》

作者：税凤先

指导老师：张梅

四川工商学院

A22

A21

A23

A23.《清风相伴，与廉同行》

作者：孙晓惠

指导老师：张艳

成都理工大学

A24.《藏得再好，也有被发现的一天》

作者：刘颖、李雯

指导老师：文江

四川师范大学

藏得再好，也有被发现的一天。

藏得再好，也有被发现的一天。

A25

A25.《清廉之尺》

作者：莫少敏

指导老师：彭琳

四川文理学院

A26.《腐的下场》

作者：税凤先

指导老师：张梅

四川工商学院

赂铺就金钱路　镣铐惊醒贪心人
Bribery paved the way of money shackles wake up greedy people

婪是自由的桎梏　廉洁是自由的明灯
Greed is the shackle of freedom and honesty is the lamp of freedom

清廉是进步的阶梯　腐败是灭亡的快车
Clean is the ladder of progress corruption is the express train of death

A26

贪腐的利刃，让你堕入万丈深渊。

A27

A27.《贪腐的利刃》

作者：文祥

指导老师：张艳

成都理工大学

A28.《廉腐在一线》

作者：江治

指导老师：万延

四川师范大学

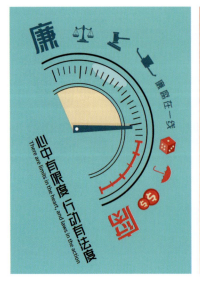
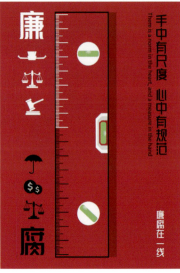
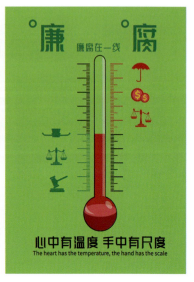

A29

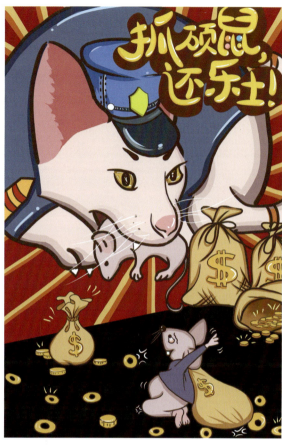

A30

A29.《以廉洁之心，守护清廉之魂》

作者：亢嘉浩、秦富金

指导老师：李雨芯

成都理工大学工程技术学院

A30.《除硕鼠，正清风》

作者：姚娜

指导老师：雷蕾

四川艺术职业学院

A31

A32

A31.《腐？廉！》

作者：何金华、蒋筱丹

指导老师：徐春娟

成都理工大学

A32.《廉洁文化之三线建设往昔篇》

作者：徐双梅、曾小敏

指导老师：王莉琴

攀枝花学院

实际是深渊
看似是金钱

实际是深渊
看似是帮助

A33

天网恢恢 疏而不漏

廉

腐

A34

A33.《拒绝诱惑》

作者：龚云丽

指导老师：张可

四川艺术职业学院

A34.《天网恢恢，疏而不漏》

作者：伍杰

指导老师：雷蕾

四川艺术职业学院

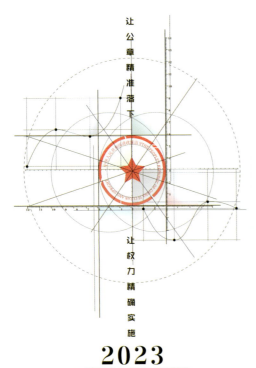

A35

A36.《廉政权力》

作者：黄文杰

指导老师：彭琳

四川文理学院

A36.《去伪存真》

作者：梁绮琦

指导老师：聂鑫鑫

成都锦城学院

A37

A37.《廉洁奉公的好干部们》

作者：喻亲婷

指导老师：徐天韵

西华大学

A38.《苍蝇与蜜》

作者：庞莉文

指导老师：刘卜水

四川信息职业技术学院

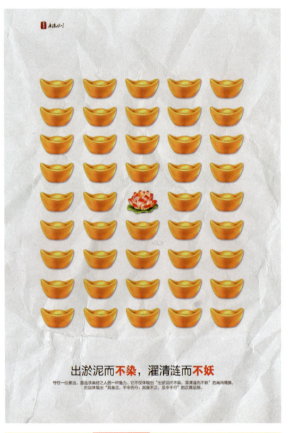

A39

A40

A39.《出淤泥而不染》

作者：周兴英

指导老师：刘卜水

四川信息职业技术学院

A40.《放进去√拿出来×》

作者：李雯

指导老师：文江

四川师范大学

A42

A41.《贪念》

作者：钟悦

指导老师：宁大鹏

四川传媒学院

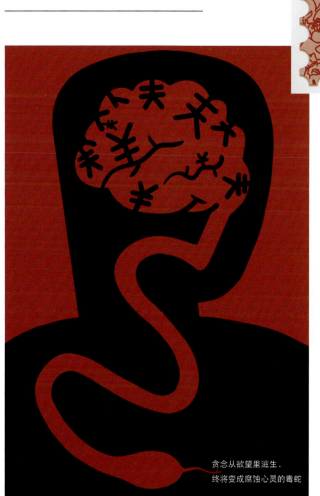

贪念从欲望里滋生，
终将变成腐蚀心灵的毒蛇

A41

A42.《红色传承》

作者：牟梦林、覃可馨

指导老师：颜艳

四川交通职业技术学院

A43

A43.《廉行万里》

作者：安瑞、朱荣秋

指导老师：梁桂民

四川工商学院

A44.《把权力关进牢笼里》

作者：朱琪、范子喧

指导老师：周萌

宜宾学院

A44

A45.《公生明，廉生威》

作者：潘绍芬、罗海天

指导老师：毕君

西华大学

A46.《禁止"踩雷"》

作者：关越元

指导老师：朱洁

西南交通大学

A45

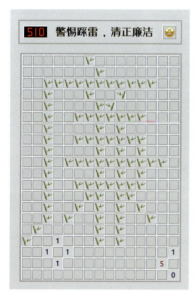

A46

A47

A47.《廉政百年陈酿》

作者：伍杰

指导老师：雷蕾

四川艺术职业学院

A48.《公·廉》

作者：唐蒋兴

指导老师：蔡光洁

四川师范大学

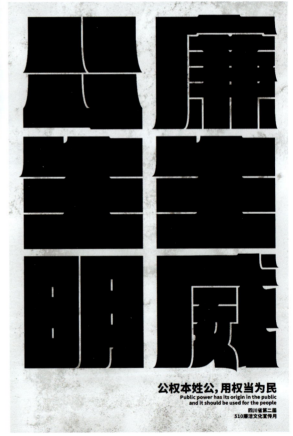

公权本姓公，用权当为民
Public power has its origin in the public
and it should be used for the people
四川省第二届
510廉洁文化宣传月

A48

A49

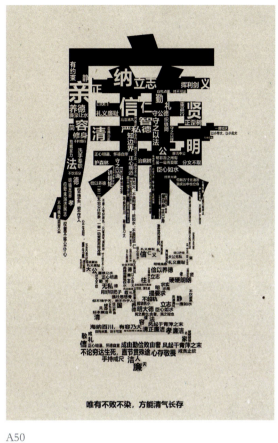

A50

A49.《反腐倡廉》

作者：熊美依

指导老师：李扬

成都锦城学院

A50.《家至廉，路致远》

作者：钟雨桐、王叶彤

指导老师：毕君

西华大学

A51.《**表里不一**》

作者：曾银珠

指导老师：刘卜水

四川信息职业技术学院

A52.《**贪欲**》

作者：杨士龙

四川工商学院

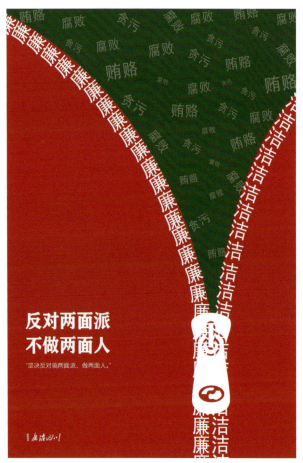

A52

A51

A53

A53.《我若好洁、谁能污我》

作者：陈永富

指导老师：杨平

四川建筑职业技术学院

A54.《知廉》

作者：杨槟羽

四川航天职业技术学院

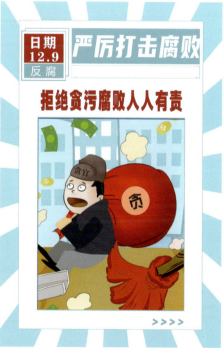

A54

A55.《囚》

作者：雷丁琳

指导老师：杨怡静

四川大学

廉洁是自由的明灯

A56

是金屋

招宝人进财

也是囚笼

黄金的枷锁是最重的。——巴尔扎克

A56.《莲》

作者：赵阳

指导老师：高成

四川航天职业技术学院

A57.《高校廉洁》

作者：李佳璇

指导老师：左怡

西华大学

A58.《廉荣贪耻 不忘初心》

作者：钟蕊

指导老师：徐春娟

成都理工大学

A57

A58

中华 廉洁

A59.《贿赂里的炸弹》

作者：雷珊珊

指导老师：雷蕾

四川艺术职业学院

A60.《中华精神——廉洁》

作者：周淋、周燕

指导老师：周燕

川南幼儿师范高等专科学校

棋道人生
LIFE IS LIKE CHESS

A59

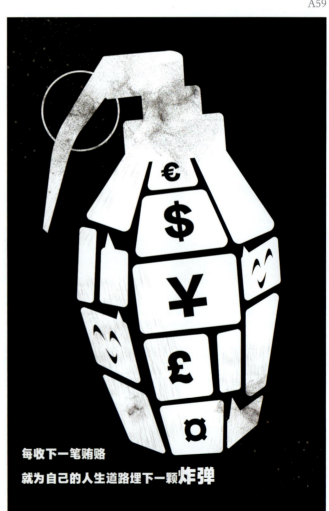

每收下一笔贿赂
就为自己的人生道路埋下一颗炸弹

A60

A61

A62

A61.《悟》

作者：许南

指导老师：许可

成都师范学院

A62.《贪贿之害》

作者：石乐国

指导老师：陈园园

南充文化旅游职业学院

A63

A63.《廉洁》

作者：黄思嘉

指导老师：徐畅

广安职业技术学院

A64.《反腐倡廉，警钟长鸣》

作者：童祺超

指导老师：金明

四川工商学院

A64

A65. 《廉洁共筑美好生活》

作者：刘锐、何新川

指导老师：赵浩

成都大学

A66. 《反腐倡廉·师徒降魔系列海报》

作者：刘华涛

指导老师：陈杨飞

四川建筑职业技术学院

永葆清廉本色

严守廉洁纪律

510 我要廉

廉洁共筑美好生活

「不能胜寸心，安能胜苍穹」

510（我要廉）廉洁文化主题日暨纪法宣传日活动

Integrity Culture Theme Day

崇德尚廉廉政为本持廉守正

A65

A66

A67

A67.《伞》

作者：谭泓

指导老师：蒋闯闯

四川华新现代职业学院

A68.《钱途》

作者：陈叶

指导老师：赵浩

成都大学

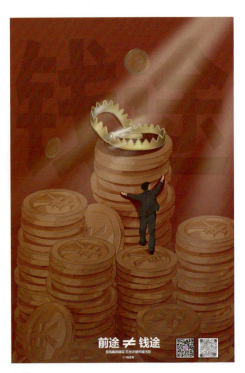

A68

"莫伸手"

"莫贪心"

A69

——— 守护清廉之气，建设廉洁社会 ———

——— 守护清廉之气，建设廉洁社会 ———

A70

A69.《莫ＸＸ》

作者：许洋

指导老师：范鸿雁

乐山职业技术学院

A70.《清廉之气》

作者：陈阳

指导老师：侯亚红

成都理工大学工程技术学院

A71

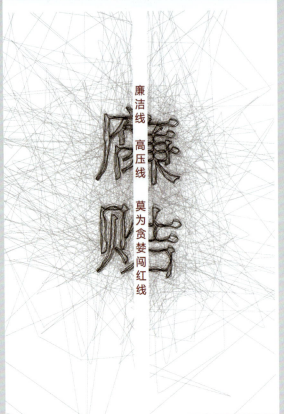

A72

A71.《清廉信号灯》

作者：郑卓然、佟佳星

指导老师：张家荣

四川传媒学院

A72.《错综复杂》

作者：苟秋菊

指导老师：雷蕾

四川艺术职业学院

A73

A73.《廉洁》

作者：王宏丽

指导老师：张可

四川艺术职业学院

A74.《莲心》

作者：钟雨珈

指导老师：潘红莲

绵阳师范学院

A74

A75

A75.《巴蜀廉洁》

作者：李星乐、李昕沂

指导老师：黄花

内江师范学院

A76.《立家规、读家书、传家训》

作者：徐利

指导老师：梁桂民

四川工商学院

"立家规，明德扬名"

"读家书，获益良多"

"传家训，家声不朽"

A76

欲影正者端其表 欲下廉者先之身

A78

干部倡廉树形象

同心协力奔小康

A77

A77.《干部倡廉树形象，同心协力奔小康》

作者：庆军伟

西华师范大学

A78.《正》

作者：杨霜

指导老师：许可

成都师范学院

心中有结
因廉而洁
With Clean Hands

做连结人要廉洁
做连结人要廉洁
LIANJIE

勤廉终身保平安
贪婪声名毁一旦

根深狂风难撼起
心正邪恶政不侵

因
YINYIN

做连结人要廉洁
做连结人要廉洁
LIANJIE

心中有结
因廉而洁
With Clean Hands

做连结人要廉洁

为人自私朋友远
做官贪财陷深渊

洁身自好不沾占
警钟长鸣合家欢

洁
而
EREREREN

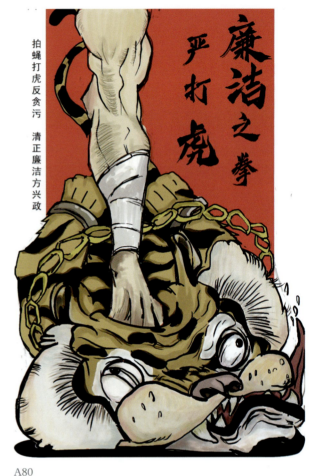

拍蝇打虎反贪污　清正廉洁方兴政

廉洁之拳
严打虎

A80

A79. 《心中有结·因廉而洁》

作者：何美佳

指导老师：刘婧

成都信息工程大学

A80. 《廉洁之拳严打虎》

作者：薛杭涛

西华大学

A81

A82

A81.《估量》

作者：王心莲

指导老师：刘卜水

四川信息职业技术学院

A82.《"四风"修正带》

作者：缪芊艺、钟羽彤

指导老师：刘卜水

四川信息职业技术学院

家风

诚信做人·家庭和美·廉洁奉公守好家门

一粥一饭·当思来处不易·半丝半缕·恒念物力维艰·宜未雨而绸缪·毋临渴而掘井·居身务期质朴·教子要有义方·莫贪意外之财·莫饮过量之酒·亲贤者·远小人·重礼仪·讲诚信·

清廉家风

树家风传家训立家规

A83

A83.《倡廉洁 正家风》

作者：罗思仪

指导老师：高成

四川航天职业技术学院

贪●牢狱离你不远
受● PRISON IS NOT FAR FROM YOU

A84.《钱眼》

作者：蒋宣郭

指导老师：杨朗

四川商务职业学院

A85

A85.《廉洁永存》

作者：李星君

指导老师：许可

成都师范学院

A86.《廉洁四川　公正之先》

作者：李祥涛

指导老师：方君

四川工商学院

A86

A87

A88

A87.《廉职之德》

作者：赵小雨、程楠

指导老师：潘红莲

绵阳师范学院

A88.《不可触碰的底线》

作者：陈瑜

指导老师：寇吉梅

四川工商学院

A89.《廉与腐》

作者：陈静、李玉梅

指导老师：田晓膺

成都信息工程大学

A90.《不"廉"系列海报设计》

作者：程铁男、刘银辉

指导老师：伍妍

四川师范大学

A89

A90

A91

A91.《以章谋赃，以章谋私》

作者：刘兵

指导老师：屈梅

内江师范学院

A92.《廉洁文化——三线建设精神》

作者：陈佳玲、陈小双

攀枝花学院

A92

A93

A94

A93.《廉莲》

作者：唐海艳

指导老师：蒋闯闯

四川华新现代职业学院

A94.《共筑廉洁未来》

作者：沙金秀

指导老师：冉秋艺

四川工程职业技术学院

A95

A96

A95.《廉洁》

作者：李婕

指导老师：张可

四川艺术职业学院

A96.《廉洁海报》

作者：张坤

指导老师：戴兰馨

电子科技大学成都学院

A97.《一字天地》

作者：徐一丁

成都理工大学

A98.《棋与牌》

作者：张佳乐

四川农业大学

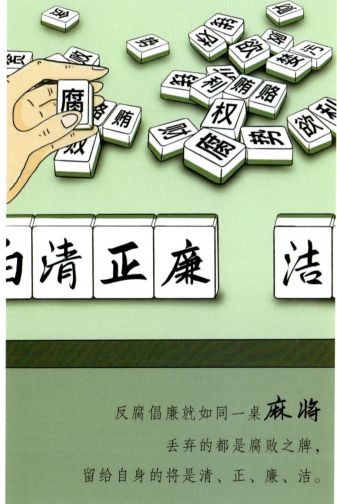

A97

A98

A99

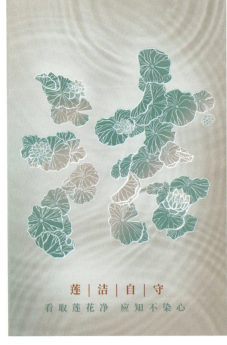

A100

A99.《廉洁四川，冰壶秋月》

作者：何新川

四川艺术职业学院

A100.《竹廉拔节起，看取莲花净》

作者：寒杰奇、林俊璋

指导老师：许亮

四川大学

A101

A101.《共筑清廉四川，谱写时代风尚》

作者：曾雨婷、尹琪

四川大学

A102.《人与囚》

作者：杜梦莹

指导老师：高成

四川航天职业技术学院

A102

$$510$$
$$+10$$
$$520$$

我要**廉**
+每**1**个你的行动
我**爱**你

廉洁不只是一句口号，每一个你付出行动，社会便会充满爱

A103

A104

A103.《廉·爱》

作者：李美琦

四川大学

A104.《峥嵘历史"第一枪"》

作者：李文鑫、瞿方宇

指导老师：颜艳

四川交通职业技术学院

A106

A105.《一点、都不能贪》

作者：曾清兰

指导老师：刘谧潇

成都艺术职业大学

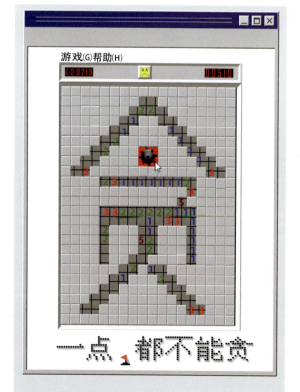

A105

A106.《清风官场边、酒憩乐无限》

作者：张鉴予、王天宇

指导老师：徐天韵

西华大学

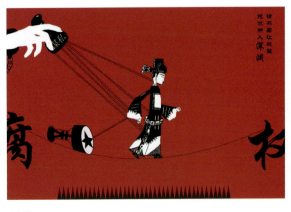
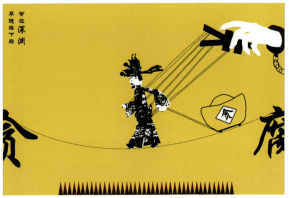

A107

A107.《深渊》

作者：蒲仕军

指导老师：屈梅

内江师范学院

A108.《廉尺之心》

作者：夏琪琪、巫扬智

指导老师：蒋鹏

西南民族大学

A108

A109.《礼尚往来》

作者：蒲灵梅、程铁男

指导老师：伍妍

四川师范大学

A110.《德才"廉"备》

作者：王双龙

郑州轻工业大学

一步错 步步错

礼尚往来 礼尚往来 礼尚往来 礼尚往来
礼尚往来 礼尚往来 礼尚往来 礼尚往来
礼尚往来 礼尚往来 礼尚往来 礼尚往来
礼尚往来 礼尚往来 礼尚往来 礼尚往来
礼尚往来 礼尚往来 礼尚往来 礼尚往来
礼尚往来 礼尚往来 礼尚往来 礼尚往来
礼尚往来 礼尚往来 礼尚往来 礼尚往来
利尚往来 利尚往来 利尚往来 利尚往来
利尚往来 利尚往来 利尚往来 利尚往来
利尚往来 利尚往来 利尚往来 利尚往来
利尚往来 利尚往来 利尚往来 利尚往来
利尚往来 利尚往来 利尚往来 利尚往来
利尚往来 利尚往来 利尚往来 利尚往来
利尚往来 利尚往来 利尚往来 利尚往来
利尚往来 利尚往来 利尚往来 利尚往来

廉政工作者，应该德才兼备。

A110

A109

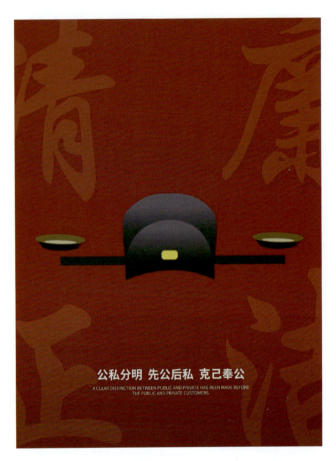

A111

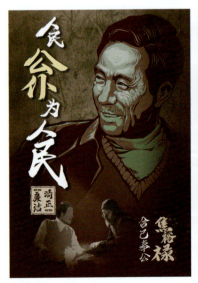

A112

A111.《清正廉洁》

作者：孙钊梅

指导老师：高成

四川航天职业技术学院

A112.《位卑未泯济民志 权重不移公仆心》

作者：何钒鸣、唐志雄

指导老师：赵春

西华大学

A113

A113.《别让黑侵蚀了心底的白》

作者：刘银辉

指导老师：万延

四川师范大学

A114.《比较》

作者：许洋

指导老师：詹恒

乐山职业技术学院

A114

A115

A116

A115.《蜀·廉》

作者：张国琳

指导老师：屈梅

内江师范学院

A116.《欲利成傀》

作者：蒲翼

指导老师：彭琳

四川文理学院

A118

A117.《立警为公 执法为民》

作者：郭怡文

指导老师：潘红莲

绵阳师范学院

A118.《廉洁在"手"边》

作者：程田莉、宋依帆

指导老师：徐天韵

西华大学

A117

A120

A119

A119.《雷锋》

作者：刘珊珊

指导老师：谢薇

四川轻化工大学

A120.《廉洁文化之神兽护道》

作者：杨万里

指导老师：徐天韵

西华大学

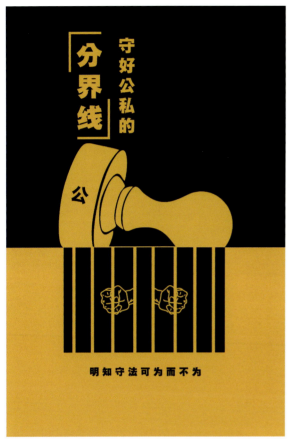

守好公私的「分界线」

公

明知守法可为而不为

远离法纪的「高压线」

法

明知违法不可为而为之

A121

弘扬廉洁之风
共创文明四川

出重拳 敲警钟

腐败

反腐倡廉·重锤出击

A122

A121.《高压线分界线》

作者：陈昭

指导老师：屈梅

内江师范学院

A122.《廉击拳》

作者：唐娇

指导老师：高成

四川航天职业技术学院

人心如秤，守廉拒腐

People are like a scale, keep integrity and resist corruption

A124

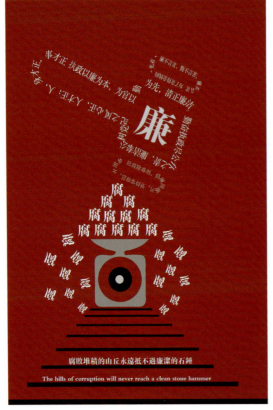

腐败堆积的山丘永远抵不过廉洁的石锤

The hills of corruption will never reach a clean stone hammer

A123

A123.《清廉之锤》

作者：何爽

指导老师：喻琪雯

四川轻化工大学

A124.《廉洁故事之陶母退鱼》

作者：张蕾蕾

指导老师：潘红莲

绵阳师范学院

三等奖

A1.《盖进监狱》

作者：张坤林、冉启伟

指导老师：冯妮娜

四川文化产业职业学院

A2.《贪者必究》

作者：李佩芬

指导老师：寇吉梅

四川工商学院

A3.《明心》

作者：王雨婷、夏梦鑫

指导老师：戴兰馨

电子科技大学成都学院

A4.《铁面无私》

作者：李卫冬

指导老师：杨剑

四川轻化工大学

A5.《和谐·廉政》

作者：刘彦希

指导老师：李扬

成都锦城学院

A6.《爱廉说》

作者：周苡帆

指导老师：杜薇

四川轻化工大学

A1

A2

A3

A4

A5

A6

A7

A8

A7.《讲廉洁、做廉洁——熊猫主题国风廉洁海报》

作者：邵佳薇

指导老师：曹邑

四川大学

A8.《兼得？兼舍？》

作者：谢海瀚、林涛

指导老师：赵怡涓

四川大学

A9

A10

A9.《迷宫》

作者：冯雪阳

四川大学

A10.《獬豸扬正气》

作者：廖书科

指导老师：王铭曦

四川城市职业学院

A11.《禁止跨越》

作者：王双龙

郑州轻工业大学

A11

A12

A12.《清心妙语——廉洁行》

作者：胡凯、张文鑫

成都信息工程大学

A13

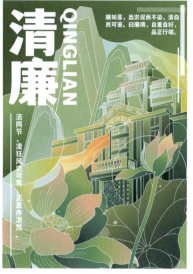

A14

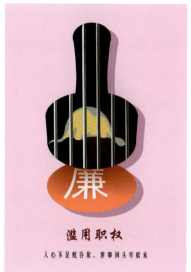

A15

A13.《围剿——反腐围棋篇》

作者：袁光俊豪

指导老师：刘卜水

四川信息职业技术学院

A14.《光风霁月伴青莲，两袖清风永不变》

作者：郑子俞、王羚艺

指导老师：毕君

西华大学

A15.《反腐倡廉》

作者：王婷

指导老师：屈梅

内江师范学院

A16

A17

A18

A16.《廉从洁中来》

作者：杨思蓉

成都锦城学院

A17.《谋一次私利 就留下一个污点》

作者：胡茜　指导老师：雷蕾

四川艺术职业学院

A18.《对峙》

作者：但雨沫

海南师范大学

A19

A20

A21

A19.《莫让廉洁迷失其中》

作者：孙睿

指导老师：袁亚楠

电子科技大学

A20.《传承三线建设》

作者：肖潇、崔芫鑫

指导老师：王莉琴

攀枝花学院

A21.《崇廉尚洁》

作者：何晓萍

指导老师：晏安

阿坝师范学院

A22

A23

A24

A22.《成语中的廉洁文化》

作者：王轩

指导老师：张可

四川艺术职业学院

A23.《廉则不腐》

作者：谢嘉颖、周婧

指导老师：许亮

四川大学

A24.《抓"贪"娃娃机》

作者：林鑫

指导老师：雷蕾

四川艺术职业学院

A25

A26

A27

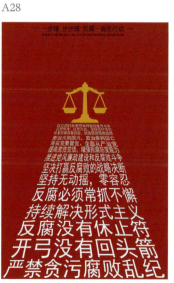

A28

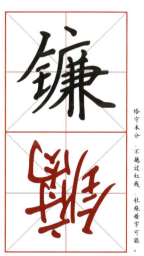

A29

A30

A25.《扣好人生第一粒扣子》

作者：汪雪莲

指导老师：赵浩

成都大学

A26.《要留清白在人间》

作者：谭晓坪

指导老师：谢名言

绵阳师范学院

A27.《心中有红 心中有廉》

作者：邹颢

指导老师：黄花

内江师范学院

A28.《直"升"还是晋升 莫辜负民生》

作者：张文、何森森

指导老师：李莉

四川传媒学院

A29.《错别字》

作者：程瑾

指导老师：许可

成都师范学院

A30.《廉洁之路》

作者：李涛涛

指导老师：白杨

四川信息职业技术学院

A31

A32

A33

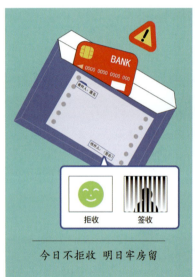

A34

A35

A36

A31.《廉洁奉公》

作者：胡情钞

指导老师：高成

四川航天职业技术学院

A32.《竹廉》

作者：张楸蘂、孙妍

指导老师：郑轶

四川师范大学

A33.《一步错、步步错》

作者：唐茂文

指导老师：许可

成都师范学院

A34.《坚守底线、学会拒绝》

作者：吴沐影

成都大学

A35.《一步错、步步错》

作者：冯雪阳

四川大学

A36.《一杆秤：守住公平正义，道出清廉人生》

作者：陈虹宇、袁令仪

指导老师：郑阳

四川文化产业职业学院

A37.《清色》

作者：张露

指导老师：张舒雅

四川华新现代职业学院

A38.《景仰先锋》

作者：程于娟

指导老师：兰钊

四川大学锦江学院

A39.《小心诱惑》

作者：吴锐

指导老师：屈梅

内江师范学院

A40.《贪欲蚀人心》

作者：彭莉

指导老师：杜小满

川北幼儿师范高等专科学校

A41.《青年信仰》

作者：陈杉杉、廖小辉

指导老师：范韵

宜宾学院

A42.《廉洁奉公》

作者：王玉露

指导老师：潘红莲

绵阳师范学院

A37

A38

A39

A40

A41

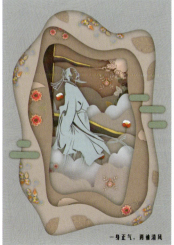

A42

A43

A45

A47

A43.《净莲之"廉"；竹节之"洁"》

作者：王迪

指导老师：郑伟

成都锦城学院

A44.《腐败没有退路，只有四面楚歌》

作者：欧春丹

指导老师：朱洁

西南交通大学

A45.《獬豸》

作者：杜鸿伟

指导老师：许可

成都师范学院

A46.《打击腐败贪污受贿主题海报》

作者：何小芳

指导老师：张可

四川艺术职业学院

A47.《不受曰廉》

作者：蒋松克

指导老师：钟义娜

绵阳城市学院

A48.《过界》

作者：张语池、彭婉洪

指导老师：李涛

西华师范大学

A44

A46

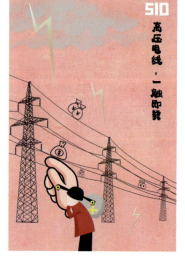

A48

A49

A50

A51

A52

A53

A54

A49.《一剪去腐》

作者：张晓娜

指导老师：邱意之

西南科技大学

A50.《廉玺 廉卷》

作者：于卉函

指导老师：冯振安

成都理工大学

A51.《痕迹》

作者：李鑫玉

指导老师：刘卜水

四川信息职业技术学院

A52.《守本分，归初心》

作者：郑新艺

指导老师：屈梅

内江师范学院

A53.《花语》

作者：张尹

指导老师：侯亚红

成都理工大学工程技术学院

A54.《贪》

作者：许洋

指导老师：詹恒

乐山职业技术学院

A55

A56

A57

A58

A59

A55.《清廉如水》

作者：谢嘉颖、周婧

指导老师：许亮

四川大学

A56.《贪赃枉法》

作者：蓝佳林

指导老师：张可

四川艺术职业学院

A57.《于敏——立身正为本 履职公为先》

作者：谢维佳

指导老师：潘红莲

绵阳师范学院

A58.《何为廉》

作者：姜日琪

指导老师：朱洁

西南交通大学

A59.《白袍点墨，终不可涸》

作者：宋紫翎

四川大学

▶

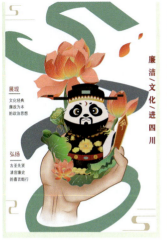

A60

A64

A61

A62

A63

A65

A60.《廉洁·四川》

作者：张清

指导老师：王棱

眉山职业技术学院

A61.《"特效药"》

作者：邓刘君

指导老师：肖媛媛

成都锦城学院

A62.《囊中物》

作者：薛玉萍

指导老师：李云

内江师范学院

A63.《廉洁》

作者：胡杨欣、彭辰程

指导老师：左怡

西华大学

A64.《廉则千秋》

作者：陈俊秀

指导老师：彭琳

四川文理学院

A65.《错向的保护伞》

作者：许婷

指导老师：曹晓婧

四川电影电视学院

A66.《笔下"莲"山河 正气贯云霄》

作者：余紫涵

指导老师：寒兴

成都理工大学

A67.《清廉漫画》

作者：周得岳

指导老师：高成

四川航天职业技术学院

A68.《廉·莲》

作者：唐振超、陈漫霏

指导老师：许亮

四川大学

A69.《知难而进》

作者：袁光俊豪

指导老师：刘卜水

四川信息职业技术学院

A70.《清正廉》

作者：曾小丽

指导老师：兰钊

四川大学锦江学院

A71.《撕》

作者：彭科鑫、李霞

指导老师：李扬

成都锦城学院

A66

A67

A68

A69

A70

A71

A72

A73

A72.《政不正 府必倒》

作者：方浩丞

指导老师：王铭曦

四川城市职业学院

A73.《廉在心中》

作者：何晴

南充文化旅游职业学院

A74.《从政／修身》

作者：张燕

指导老师：陈彦竹

南充文化旅游职业学院

A75.《清廉校园》

作者：唐洪、张丽萍

指导老师：高成

四川航天职业技术学院

A76.《一贴灵符，贪欲全除》

作者：陈秋羊

指导老师：周萌

宜宾学院

A77.《一念之间，人生颠倒》

作者：杨利

指导老师：张梅

四川工商学院

A74

A75

A76

A77

A78

A79

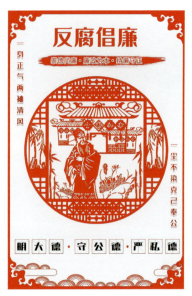

A80

A81

A82

A78.《廉洁清气》

作者：张丽萍

指导老师：高成

四川航天职业技术学院

A79.《一线之差》

作者：蒲灵梅、程铁男

指导老师：伍妍

四川师范大学

A80.《传统文化》

作者：樊红燕

指导老师：颜艳

四川交通职业技术学院

A81.《熊廉君海报设计》

作者：唐天然、吴敏

指导老师：徐畅

广安职业技术学院

A82.《廉洁文化传至今》

作者：田隽源

指导老师：罗兰秋

成都体育学院

A83

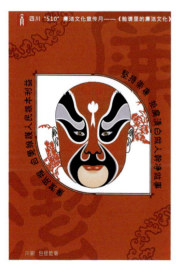

A85

A87

A83.《廉洁之光》

作者：李丹

指导老师：王正平

四川文理学院

A84.《廉洁，是信用的通行证》

作者：吴磊

西南交通大学

A85.《廉洁·家风》

作者：杨娟

指导老师：王佳慧

成都银杏酒店管理学院

A86.《寻廉 择竹》

作者：吴沁、熊李瑶

指导老师：侯亚红

成都理工大学工程技术学院

A87.《川剧里的廉洁文化》

作者：莫家华

指导老师：刘林

南充文化旅游职业学院

A88.《手镣》

作者：唐笼倩

指导老师：蒋闯闯

四川华新现代职业学院

A84

A86

A88

A89

A90

A91

A92

A93

A94

A89.《"镰"洁从政》

作者：徐稚茹、殷灿

指导老师：周红明

西华大学

A90.《反腐倡廉，切勿踩雷》

作者：何子俊、赵岩松

指导老师：邱意之

西南科技大学

A91.《廉洁先贤》

作者：刘一、何明燕

指导老师：潘红莲

绵阳师范学院

A92.《竹坚不屈，清廉自守》

作者：柏雨嫣

指导老师：向桂琰

四川电影电视学院

A93.《清廉诗风》

作者：张鑫

指导老师：谢名言

绵阳师范学院

A94.《巴蜀红色廉洁故事一百则（第八则之周纯全依然纠错，第十四则傅钟访贫济困）》

作者：张太富、杨罡亮

指导老师：金茂

四川师范大学

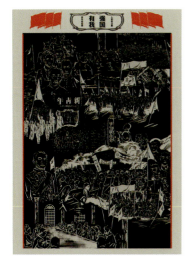

A95

A96

A97

A99

A98

A100

A95.《强国有我——青年有信仰》

作者：廖紫璇、蒋佩玲

指导老师：武天

电子科技大学成都学院

A96.《廉洁》

作者：谢俊

指导老师：刘钫

四川商务职业学院

A97.《天府新清廉》

作者：胡小康

指导老师：高成

四川航天职业技术学院

A98.《廉字头上一杆秤、腐字脚下一对铐》

作者：胡慧玲、谢丽

指导老师：王铭曦

四川城市职业学院

A99《"廉"魔方》

作者：钟文玥

指导老师：李扬

成都锦城学院

A100.《廉语》

作者：叶婧阳

指导老师：许亮

四川大学

A101.《廉誓》

作者：钟康俊

指导老师：李锦锦

成都艺术职业大学

A102.《公廉知之》

作者：杨永双

指导老师：晏安

阿坝师范学院

A103.《家训——洁俭》

作者：但佳乐

指导老师：晏安

阿坝师范学院

A104.《一念之差，追悔莫及》

作者：刘颖

指导老师：伍妍

四川师范大学

A105.《收礼和"受理"》

作者：李彤

宜宾学院

A106.《廉正四川》

作者：鞠秉睿、胡宏宇

四川大学

A101

A102

A103

A104

A105

A106

A107

A108

A109

A110

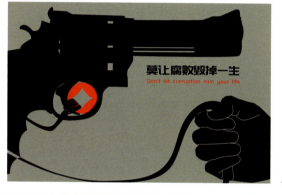

A112

A111

A107.《清廉不只是"纸上谈兵"》

作者：王娟

指导老师：张梅

四川工商学院

A108.《以纹鉴廉，以竹称洁》

作者：唐敏瑶

指导老师：寇吉梅

四川工商学院

A109.《身正清廉》

作者：马沁苑

指导老师：李扬

成都锦城学院

A110.《家训如春风、不染尘》

作者：周盈、曾宜

指导老师：颜艳

四川交通职业技术学院

A111.《方圆之间》

作者：刘佳兴

指导老师：王正平

四川文理学院

A112.《腐败与人生》

作者：龙春升

指导老师：寇吉梅

四川工商学院

A113

A113.《浮光竹影清廉夏荷系列作品》

作者：蒋朝翠、陈秋吉

指导老师：戴超

南充文化旅游职业学院

A114.《"廉"为初心》

作者：吴奇

指导老师：王佳慧

成都银杏酒店管理学院

A114

A115

A115.《公正廉明》

作者：赵洵

指导老师：张舒雅

四川华新现代职业学院

A116.《俭·约》

作者：余正萍、唐萍

指导老师：陈彦竹

南充文化旅游职业学院

A116

A117

A117.《四大名楼之登高望远》

作者：曾浩、李嘉颖

指导老师：潘红莲

绵阳师范学院

A118.《廉洁在我心》

作者：田雪

指导老师：寇吉梅

四川工商学院

A118

A119

A120

A119.《廉政》

作者：许文稳

成都东软学院

A120.《廉洁成语故事》

作者：张雪文、王欣宇

指导老师：曹晓婧

四川电影电视学院

A121

A122

A121.《"川韵"廉洁四川海报设计》

作者：曹艺

指导老师：唐霖

西华师范大学

A122.《路在手上》

作者：廖锦熙、石尧丹

指导老师：郑轶

四川师范大学

A123

A124

A123.《坚决抵制腐败》

作者：沈阳

指导老师：杨朗

四川商务职业学院

A124.《身份》

作者：代绘琳

四川大学

A125

A126

A127

A125.《反腐倡廉》

作者：任媛

指导老师：苏霖

南充文化旅游职业学院

A126.《天路》

作者：彭嘉馨

指导老师：李柯青

四川工程职业技术学院

A127.《反腐倡廉》

作者：谢丽、胡慧玲

指导老师：王铭曦

四川城市职业学院

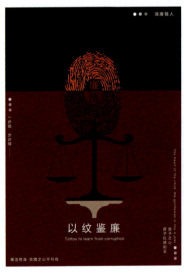

A128

A129

A130

A128.《廉洁文化》

作者：张汛

指导老师：金明

四川工商学院

A129.《清正廉明》

作者：姚兴艳、易媛

指导老师：范韵

宜宾学院

A130.《廉洁》

作者：罗玲

成都东软学院

A131

A134

A136

A132

A133

A135

A131.《廉洁四川》
作者：郑志丽
指导老师：赵春
西华大学

A132.《风雨苍黄百年路、高歌奋进新征程》
作者：张芮、刘志鹏
指导老师：颜艳
四川交通职业技术学院

A133.《"粉身碎骨浑不怕、要留廉洁在人间"》
作者：马思淼、蒋婷婷
指导老师：徐天韵
西华大学

A134.《束"腐"》
作者：孙晓一、李文
指导老师：邱意之
西南科技大学

A135.《廉政真政》
作者：陈丽红
指导老师：高成
四川航天职业技术学院

A136.《传承红色革命文化》
作者：田灿
指导老师：赵春
西华大学

A137.《廉洁》

作者：唐欣雨

宜宾学院

A138.《人以廉尊》

作者：王琴

指导老师：胡志

眉山职业技术学院

A139.《坚守底线》

作者：赵隽、黄家梅

指导老师：陈园园

南充文化旅游职业学院

A140.《泛掌权如牢笼》

作者：郭芳兵

指导老师：彭琳

四川文理学院

A141.《濯清莲》

作者：吴晓蝶

指导老师：许可

成都师范学院

A137

A138

A139

A140

A141

A142

A143

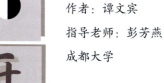

A142.《蜜》

作者：唐蒋兴

指导老师：蔡光洁

四川师范大学

A143.《权力游戏》

作者：谭文宾

指导老师：彭芳燕

成都大学

A144.《锦水东流绕锦城》

作者：彭茂莉

指导老师：蔡丽辉

四川师范大学

A144

A145

A147

A146

A145.《善德兴邦、清廉暖民》

作者：何晓晖、邓翔

指导老师：周红亚

西华大学

A146.《清正廉洁》

作者：漆利萍

四川大学

A147.《廉》

作者：高明月

指导老师：许可

成都师范学院

A148

A149

A150

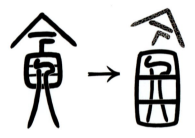

A152

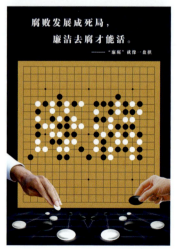

A151

A153

A148.《清廉》

作者：杨斌斌

指导老师：黄浩原

四川商务职业学院

A149.《莲与廉》

作者：邹旭

指导老师：李雪梅

四川文化产业职业学院

A150.《清廉》

作者：侯万林、蒲耀坤

指导老师：付红霞

成都纺织高等专科学校

A151.《红色革命文化》

作者：李慧蓉

指导老师：颜艳

四川交通职业技术学院

A152.《"贝"亦是"困"》

作者：张翔、马灵

四川大学

A153.《"廉腐"就像一盘棋》

作者：邓萍

指导老师：乔韵可

四川轻化工大学

A154

A156

A158

A154.《节蚀》

作者：唐真真、蒲敏

指导老师：杜小满

川北幼儿师范高等专科学校

A155.《秉公执法》

作者：刘小艳

指导老师：颜艳

四川交通职业技术学院

A156.《廉心向未来》

作者：余蕊、张瑶

指导老师：高成

四川航天职业技术学院

A157.《坚守公正》

作者：王娟

指导老师：侯亚红

成都理工大学工程技术学院

A158.《梅兰竹菊形象海报》

作者：鲜述琼

指导老师：黄政

广安职业技术学院

A159.《正道的光》

作者：张玉婷、章铭薛

指导老师：毕君

西华大学

A155

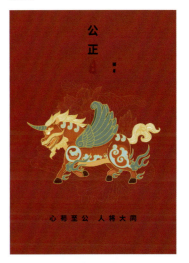

A157

A159

A160

A161

A162

A163

A164

A165

A160.《透过现象看本质》

作者：张随芯、张滢

指导老师：高成

四川航天职业技术学院

A162.《清风满天府，廉潮涌万家》

作者：张子涵

指导老师：张可

四川艺术职业学院

A164.《反腐倡廉》

作者：张宸铭

指导老师：张可

四川艺术职业学院

A161.《天平》

作者：陈海燕

指导老师：龚铃惠

南充文化旅游职业学院

A163.《拒绝》

作者：刘颖

四川文理学院

A165.《"莲"洁》

作者：周兰、许琳睿

指导老师：晏安

阿坝师范学院

A166

A167

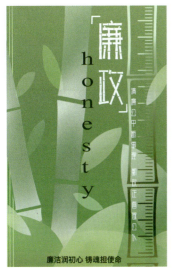

A168

A169

A170

A171

A166.《廉正》

作者：韦震群、夏琪琪

指导老师：江瑜

西南民族大学

A167.《廉》

作者：张楸蘂、周思成

指导老师：郑轶

四川师范大学

A168.《廉政 廉育 廉己》

作者：吴仪涵

指导老师：张艳

成都理工大学

A169.《抵住诱惑，走向美好人生！》

作者：汪雪莲

指导老师：赵浩

成都大学

A170.《舐雷自毙》

作者：杨丽贞

指导老师：罗犀子

宜宾学院

A171.《心中洁，手中廉》

作者：宋崇彬

指导老师：李星丽

成都大学

松竹梅 岁寒三友 廉正清 为官三要

A172

A172.《廉正清》

作者：税凤先

指导老师：张梅

四川工商学院

A173.《怀瑾握瑜》

作者：徐培

指导老师：周燕

川南幼儿师范高等专科学校

A174.《用好方向盘，把好廉洁关》

作者：吴雨婷

指导老师：刘谧潇

成都艺术职业大学

A175.《莲·结》

作者：刘宇、陈语欣

指导老师：杜小满

川北幼儿师范高等专科学校

A176.《贪囚》

作者：陈思羽

指导老师：金明

四川工商学院

A177.《反腐倡廉》

作者：罗敏

指导老师：蒋闯闯

四川华新现代职业学院

A173

用好方向盘，把好廉洁关

A174

A175

莫让贪欲·囚住你

A176

A177

A178.《历史的风骨》

作者：何建波、晋雲清

成都农业科技职业学院

A179.《"不贪斗金方为廉"》

作者：王邻竹

指导老师：陈思

四川轻化工大学

A180.《欲望怪物》

作者：文常安

指导老师：梁桂民

四川工商学院

A181.《廉洁光荣》

作者：陈露露

指导老师：戴兰馨

电子科技大学成都学院

A182.《廉洁文化》

作者：谢涵羽

指导老师：李扬

成都锦城学院

A183.《贪"鱼"》

作者：贾叶梅

指导老师：王正平

四川文理学院

A178

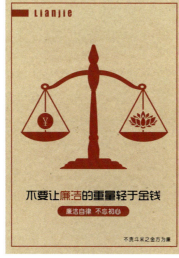

A179

A180

A181

A182

A183

A184

A185

A184.《好人好马上三线，备战备荒为人民》

作者：崔莞鑫、苟慧玲

指导老师：王莉琴

攀枝花学院

A185.《廉与腐》

作者：何帅

指导老师：蒋闯闯

四川华新现代职业学院

A186

A187

A186.《茶说廉味》

作者：刘佳琪

指导老师：王棱

眉山职业技术学院

A187.《深渊》

作者：李雪、但秀

指导老师：侯亚红

成都理工大学工程技术学院

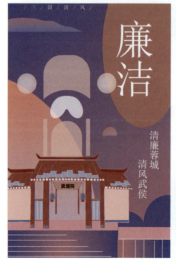

A188

A189

A188.《清廉蓉城，清风武侯》

作者：冯鑫欣、何苏娜

指导老师：李腾

四川文化产业职业学院

A189.《廉洁中国》

作者：余琴

指导老师：许可

成都师范学院

A190

A191

A192

A193

A194

A195

A190.《方正清廉》

作者：李宛言、李怡佳

指导老师：付红霞

成都纺织高等专科学校

A192.《廉洁教育》

作者：宋艺慧

指导老师：朱鑫龙

内江师范学院

A194.《掉下去？不存在的》

作者：张邦华

指导老师：程辉

西华大学

A191.《廉洁主题系列海报》

作者：张文悦

指导老师：刘婧

成都信息工程大学

A193.《"请您帮个忙"》

作者：吴金蔚

指导老师：曹邑

四川大学

A195《公生明，廉生威》

作者：安星艳、谢佳芯

指导老师：付红霞

成都纺织高等专科学校

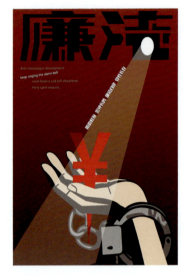

A196

A198

A200

A196.《无处遁形》

作者：王桐桐

指导老师：金明

四川工商学院

A197.《廉洁奉公，执政为民》

作者：范思瑶

指导老师：王铭曦

四川城市职业学院

A198.《廉洁如荷》

作者：陈晓杰

指导老师：苏霖

南充文化旅游职业学院

A199.《正直是廉洁》

作者：祝红燕

指导老师：王铭曦

四川城市职业学院

A200.《贪污腐败终会化为牢笼》

作者：冯烨

指导老师：雷敏

成都职业技术学院

A201.《清正廉洁》

作者：刘佳鑫

指导老师：高成

四川航天职业技术学院

A197

A199

A201

快来呀！

抵挡腐败的诱惑!!!
Resist the temptation of corruption!!!

A202

A203

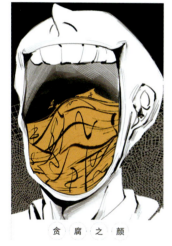

贪 腐 之 颜

A204

A202.《抵挡诱惑》

作者：税凤先

指导老师：张梅

四川工商学院

A203.《红色文化》

作者：蒋锦凤

指导老师：颜艳

四川交通职业技术学院

A204.《贪得无"咽"》

作者：张雨然

四川电影电视学院

A205.《"翻"腐倡廉》

作者：黄子钰

四川轻化工大学

A206.《禁止腐败》

作者：李嘉妍

指导老师：金明

四川工商学院

A207.《青春向党》

作者：曾宜、周盈

指导老师：颜艳

四川交通职业技术学院

"翻"腐倡廉

A205

A206

A207

A208

A209

A210

A211

A212

A213

A208.《"恋"廉不舍》

作者：李馨月

指导老师：屈梅

内江师范学院

A209.《廉洁》

作者：母芯雨

指导老师：彭琳

四川文理学院

A210.《"廉廉"不忘》

作者：周传辉

寇吉梅

四川工商学院

A211.《弘扬廉洁文化》

作者：刘锦旗

指导老师：彭琳

四川文理学院

A212.《"贪婪巨口"》

作者：区源基

指导老师：梁桂民

四川工商学院

A213.《廉洁奉公，拒绝诱惑》

作者：杨颜冰

指导老师：王正平

四川文理学院

A214

A215

A216

A214.《建设 传承 创新》
作者：杨文圻
四川工商学院

A215.《廉洁故事之一钱太守》
作者：杨佳、王原义
指导老师：潘红莲
绵阳师范学院

A216.《廉洁海报》
作者：李萌
指导老师：张可
四川艺术职业学院

A217.《廉洁》
作者：张娟
指导老师：李林蓉
四川文化产业职业学院

A218.《"画"廉洁》
作者：徐一丁、昝楠楠
成都理工大学

A219.《牵引线》
作者：向欣竹
四川文理学院

A217

A218

A219

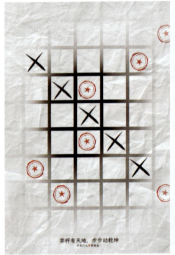

A220

A221

A222

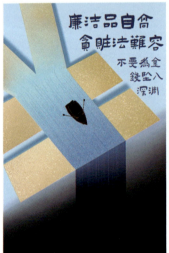

A223

A224

A225

A220.《步步动乾坤》

作者：向欣竹

四川文理学院

A221.《忆往昔》

作者：张虓

指导老师：冯妮娜

四川文化产业职业学院

A222.《"廉"出淤泥而不染》

作者：王倩倩

指导老师：任静

成都师范学院

A223.《廉洁品自高，贪赃法难容》

[四川省第二届"510"（我要廉）廉洁
文化宣传月活动平面设计一等奖]

作者：钟玲林

指导老师：徐天韵

西华大学

A224.《别让欲望控制你的大脑》

作者：向琴玲

指导老师：刘惠敏

四川信息职业技术学院

A225.《清廉明》

作者：邝千值、李文静

指导老师：付红霞

成都纺织高等专科学校

A226.《人心不足蛇吞象》

作者：邓媛丹

成都东软学院

A227.《手心莲，守清廉》

作者：王新蕊

指导老师：许可

成都师范学院

A228.《京剧脸谱》

作者：范天府

指导老师：江奇志

四川现代职业学院

A229.《廉洁文书》

作者：李盈

指导老师：廖芳

四川文化产业职业学院

A230.《黑白分明，廉腐相克》

作者：殷灿

指导老师：周红明

西华大学

A231.《莲洁》

作者：张靖悦

指导老师：廖芳

四川文化产业职业学院

A226

A227

A228

A229

A230

A231

A232.《清正廉洁》

作者：胡小荣、徐茂媛

指导老师：周燕

川南幼儿师范高等专科学校

A233.《廉与腐仅一线之隔》

作者：肖光耀

指导老师：雷敏

成都职业技术学院

A232

A233

A234

A235

A234.《必亡，必捉》

作者：林锡尔、李佳琳

指导老师：赵凌之

西华大学

A235.《扬清廉之风，从青年开始》

作者：宋崇彬

指导老师：李星丽

成都大学

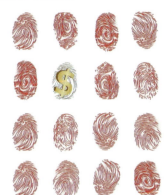

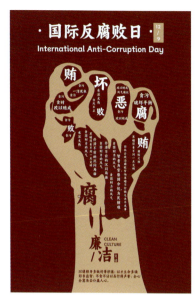

A236

A237

A238

A239

A240

A236.《助与廉》
作者：杨玉铧
指导老师：曹邑
四川大学

A237.《以纹鉴廉》
作者：戴宇锦
指导老师：王大智
四川传媒学院

A238.《12·9》
作者：姜少华
指导老师：金明
四川工商学院

A239.《红色文化廉洁故事报》
作者：廖小辉、陈杉杉
指导老师：范韵
宜宾学院

A240.《廉洁文化》
作者：谢涵羽
指导老师：李扬
成都锦城学院

三撇之差，三观之差

A241

终身之"廉"—— 赢得一世

A242

A243

A241.《人外有人，字中有字》

作者：廖玉琴、陈晨

指导老师：高成

四川航天职业技术学院

A242.《种廉洁竹，育清风林》

作者：徐芳、滕发容

指导老师：侯亚红

成都理工大学工程技术学院

A243.《廉·旻》

作者：夏熙雅、叶芽

指导老师：高昌苗

四川师范大学

B 表情包

一等奖

B1.《争做廉洁我最强》

作者：姜姗姗

指导老师：张海霞

四川工程职业技术学院

本套表情包结合国宝熊猫、川剧元素突出了四川的地域特色，融入包青天、莲花等元素体现四川的廉洁文化。设计主体以白、黑、黄为主色，颜色鲜明，形成对比。整体形象可爱、敦实，富有浓厚的地方色彩。

作品以中华优秀传统文化中的包拯为设计主元素，画面内容主题是拒绝腐败贿赂，品格要正直清正，运用竹子、莲花、金元宝等元素，通过六种不同的人物动态，展现清廉形象，弘扬清廉品质。

B2.《包拯的清廉六项》

作者：陈玉

指导老师：屈梅

内江师范学院

B3.《一键"三廉"》

作者：姚佳漆、李姗姗

指导老师：侯亚红

成都理工大学工程技术学院

　　三星堆是中华文化瑰宝。作品运用三星堆青铜人像，以场景对话的方式来展现廉洁语言、廉洁行为。

作品以苏轼造型为基础原型，传播苏轼两袖清风的廉洁信念、光明磊落的自信和为官廉洁奉公的品格，凸显四川廉洁文化的历史底蕴，以现代Q版水器卡通形象为风格设计制作国风表情包，其可爱的表情示人以亲和力。

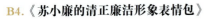

B4.《苏小廉的清正廉洁形象表情包》

作者：谢晓嘉

指导老师：范韵

宜宾学院

B1

二等奖

B1.《"廉"与"莲"》

作者：魏福锦

指导老师：潘红莲

绵阳师范学院

B2.《廉洁熊》

作者：易心悦

指导老师：朱玉梅

四川轻化工大学

B2

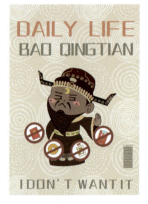
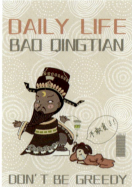

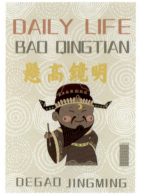
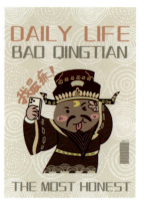

B3

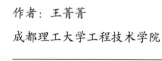

B3.《包青天的日常》

作者：王菁菁

成都理工大学工程技术学院

B4

B4.《包小清》

作者：刘佳睿

指导老师：李柯青

四川工程职业技术学院

B5.《四川廉政表情包——青川居士的日常》

作者：张佳乐、刘培溪

四川农业大学

B6.《"蜀小包"表情包设计》

作者：王凯

指导老师：唐霖

西华师范大学

B7

B8

B7.《"廉"字有话说》

作者：施欣

指导老师：郑雅文

四川信息职业技术学院

B8.《莲清清表情包设计》

作者：项慧、赵廷霞

指导老师：范韵

宜宾学院

B9

B10

B9.《廉洁文化表情包设计》

作者：顾雪琳、曹和

指导老师：范韵

宜宾学院

B10.《清风廉韵》

作者：张晨

指导老师：李涛

西华师范大学

B11

B12

B11.《"廉小洁"表情包原创设计》

作者：杨敏、吴亮

指导老师：万祥虎

阿坝师范学院

B12.《廉洁水墨表情包》

作者：卿曼铃

指导老师：江云涛

四川信息职业技术学院

B1

B2

三等奖

B1.《"手""莲"·守廉》

作者：刘雅溪

指导老师：王陌潇

四川大学

B2.《"廉政 - 包拯"》

作者：李涛、黄乐瑶

指导老师：李扬

成都锦城学院

B3.《包包的日常~》

作者：汪雪莲

指导老师：赵浩

成都大学

B3

B5

B4

B6

B4.《清"政"廉洁》

作者：孔晶晶

指导老师：高登明

内江师范学院

B5.《蜀》

作者：谢昱夏

指导老师：朱玉梅

四川轻化工大学

B6.《廉洁宝宝》

作者：康乙萌、陈靖淇

指导老师：郑伟

成都锦城学院

B7

B11

B8

B12

B9

B10

B13

B7.《小包公的日常》

作者：童宇

指导老师：许可

成都师范学院

B8.《瑞狮尚廉》

作者：张媛华

指导老师：高登明

内江师范学院

B9.《三苏家训表情包》

作者：辛爱丽

眉山职业技术学院

B10.《杜甫倡廉》

作者：张珂、王鑫悦

指导老师：万祥虎

阿坝师范学院

B11.《廉洁小胖》

作者：万科利

指导老师：高成

四川航天职业技术学院

B12.《清正廉明包拯表情包》

作者：孔祥玉

指导老师：严增镔

宜宾职业技术学院

B13.《警钟鸣鸣》

作者：范邹易

指导老师：李柯青

四川工程职业技术学院

拒绝公费旅游

B14

B15

B16

廉廉有余

B17

B18

吃瓜

B19

B20

B14.《要留"青岚"在人间》

作者：杨雅娴、李想

指导老师：侯亚红

成都理工大学工程技术学院

B15.《以"莲"为本》

作者：李雯婧、李可馨

指导老师：范韵

宜宾学院

B16.《廉小鸽》

作者：徐茂钞

指导老师：刘海燕

四川师范大学

B17.《廉花》

作者：罗明阳

指导老师：程辉

西华大学

B18.《"小廉"廉洁表情包》

作者：唐宏伟

指导老师：潘红莲

绵阳师范学院

B19.《包小廉》

作者·韩孟芬、万诗炜

四川农业大学

B20.《廉洁的日常》

作者：张春梅、杨婷

指导老师：杨磊

四川文化产业职业学院

LOGO

一等奖

廉洁四川LOGO设计

廉洁四川
Lian Jie Si Chuan

设计说明：清廉LOGO的设计理念是要传达出清廉、正直、诚信的形象，让人们对该组织或机构产生信任感和尊重感。本LOGO以红色为主，用线条勾勒出"警钟"的外形，在"警钟"内将"廉"字简化，并且加入了"四川"两个字，凸显出四川政府的廉政文化以及红色精神为对人民服务的热情。

廉洁四川LOGO设计

C1.《廉洁四川》

作者：舒国美

指导老师：赵婷

四川电影电视学院

作品旨在传达清廉、正直、诚信的形象。以红色为主，用线条勾勒出"警钟"的外形，在"警钟"内将"廉"字简化，加入"四川"两个字，凸显出四川政府的廉政文化以及红色精神和为人民服务的热情。

廉洁四川logo设计

C2.《**廉洁四川**》

作者：马子扉

指导老师：赵婷

四川电影电视学院

我以"廉洁"的"廉"字作为我字体设计的主创意，融合了"四川"两字。"廉"字上部分由官帽组成代表国家和政府的权力和责任，需要对民众负责、维护国家和人民的利益。整体形状犹如"警钟"时刻提醒人们要警钟长鸣时刻谨记廉洁奉公、诚实守信，以达到规范和约束的目的。主色调为红色和黑色，寓意着庄重、清明和纯洁。

廉洁四川logo设计

　　以"廉洁"的"廉"字作为字体设计的主创意，融合了"四川"两字。"廉"字上部分由官帽组成，代表国家和政府的权力和责任，需要对民众负责，维护国家和人民的利益。整体形状犹如"警钟"，时刻提醒人们要警钟长鸣，谨记廉洁奉公、诚实守信，以达到规范和约束的目的。主色调为红色和黑色，寓意着庄重、清明和纯洁。

C3.《竹之气节》

作者：王佳琪

四川大学

竹，花中"四君子"之一，向来都是清廉和高风亮节的代表。竹也是四川的代表性植物。因此，作品用竹叶与廉字结合设计了 logo。

灵感来自对清廉二字的理解，莲花的圣洁，不可侵犯，用莲花作LOGO设计的主要部分。此外，结合了四川的文化特色，如天府熊猫塔、三星堆青铜器、竹子。熊猫塔的外形含有"四川"二字，其中，"四"字使用的是三星堆纹样。熊猫塔塔尖是竹子，代表着大熊猫，塔台则是运用了官帽的外形，寓意为看得更远更广，将一切贪腐尽收眼底，绝不姑息。盛开的莲花孕育着四川，塔尖的竹子像雨后的春笋坚韧而有力。

C4.《廉洁 LOGO》

作者：胡浩

指导老师：高媛

四川工商学院

01 标志梳理

● 标志释义

此标志以"廉洁"为概念，以"廉"为基本型，打造出一个印章的样式。运用黑色与红色为主色，代表着沉稳，吉祥之意。Logo整体方正严肃，营造出严的氛围。"四川"坐落于"廉"字下方，强调出"四川"的廉洁。引导人们要用廉洁的品质装饰自己。

● 标志来源

灵感来源于"印章"，印章整体呈现的是一个严谨的形象，所以将"廉"设计方正，营造出严肃的氛围。运用黑色红色将其装饰，借此寓意沉稳，吉祥之意。

● 标志标准化制图

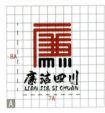 

● 标志标准字

● 标志标准色

CMYK:20 98 100 0
RGB:201 30 29
#C91E1D

CMYK:93 88 89 80
RGB:4 0 0
#040000

02 标志应用

● 应用如下

C5.《廉洁四川》

作者：刘妍华

指导老师：高媛

四川工商学院

LOGO 设计采用了图案加文字的设计方式，以"廉"为基本型，打造出一个印章的样式。以黑色与红色为主色，代表着沉稳、吉祥之意。LOGO 整体方正严肃，营造出庄严的氛围。"四川"坐落于"廉"字下方，强调出"四川"的廉洁。

廉洁四川logo设计
LIAN JIE SI CHUAN

logo应用

廉洁四川logo设计
LIAN JIE SI CHUAN

● logo及创意说明
Creative description

本幅logo主体形象采用了三星堆，三星堆具有浓厚的地方特色，它他不仅是四川的代表也是中华民族的代表，充满了庄重和威严，更具有一种神秘感，严肃的表情戴掉代表法律的庄严，也代表了对贪污腐败严惩不怠的决心。顶上帽子部分是包拯的乌纱帽，体现清正廉洁的官员形象，为人民树立榜样。字体四平八稳，代表坚不可摧的形象。

● 标准制图
Standard cartography

标准色
Standard color

紫檀
RGB 68 0 0
CMYK 62 100 100 60
#440000

辅助色
Secondary color

银白　RGB 226 226 226　CMYK 13 10 10 0　#e2e2e2
漆黑　RGB 35 23 23　CMYK 79 83 80 68　#231717
大红　RGB 232 0 0　CMYK 9 98 100 0　#e80000
碧绿　RGB 0 86 43　CMYK 91 54 100 26　#00562b

廉洁四川logo设计
LIAN JIE SI CHUAN

logo释义
paraphrase

三星堆面具
乌纱帽
廉洁四川　字体

辅助图形
Secondary graphics

辅助色展示
Auxiliary color extension

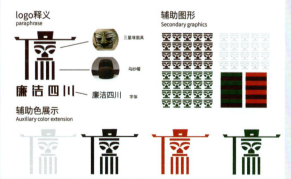

C6.《廉洁四川》

作者：李旭

指导老师：高媛

四川工商学院

　　三星堆不仅是四川的重要文化象征，也是中华文化的重要组成部分，充满了庄重和威严，更具有一种神秘感。严肃的表情代表法律的庄严，也代表了对贪污腐败严惩不怠的决心。顶上帽子部分是包拯的乌纱帽，体现清正廉洁的官员形象，为人民树立榜样。字体四平八稳，代表坚不可摧的形象。

设计融合了"廉洁四川"的标识，把"廉"拆分，把"广"形象化为"官帽"和"长枪"，官帽代表了政府的形象，用简单的几何形组合起来，表示简洁、朴素。把"兼"形象化为"川剧脸谱"和"川"字，川剧脸谱是四川优秀传统文化中的一部分，呈现的是严肃的、严格的、刚正不阿的形象，代表了公正廉明。"川"字是四川的名称缩写。

川剧脸谱

长枪

官帽

C7.《廉洁四川》

作者：列卢阿门

指导老师：赵婷

四川电影电视学院

C8. 《廉洁四川》

作者：巨艺雯

指导老师：许可

成都师范学院

　　用熊猫与竹的元素对"廉"字进行再设计，字体颜色选用淡雅之绿，绿色也正是廉洁文明的象征色。

标志第一稿

标志第二稿

字体

修改前

修改后

通过发现原logo中四川的特征不明显。通过调查了解到，需要提升廉洁文化阵地的覆盖面和影响力，这需要更多的人去了解和记住他。现目前的logo空间多，交错多，较复杂，不易记忆。于是，通过小范围调查，大部分人群认为原logo中背景的红色和外轮廓是最具有原识别性的，包公帽是里面最具有廉洁文化的特色的。于是决定在logo简化过程中将原logo中的"廉"字的下半部分舍弃，保留颜色、外轮廓和包公帽，（保留以前长期以来的识别度。）包公帽，代表包公，形容公平正直。

标志第一稿

第一稿：加入四川识别，用四条川流往下流，中间部分形成四川的川字，来表现四川。同样代表上方的公平正直就像川流一样盛行不衰，位置占原logo下半部分位置。将原在书法印章轮廓内的部分直接超出，减少封闭空间，使整体透气，使原标志更往种形态即容易记忆，同第一稿相比，跨度也要小些。缺点：形态上不像川流与四川，不易被人读取。线条有幅度，不及原标志的方正形态。

标志第二稿

第二稿：将四川的"四"字融进包公帽里面，"川"字保留原标志以正直的形态来表现我们为人要正直这一特点，放在原标志的下半部分，表现四川。将原在书法印章轮廓内的部分直接超出，减少封闭空间，使整体透气角添加圆角处理，使整体感觉不那么尖锐。缺点：包公帽的同原标志视觉有较大变化。

字体

修改的

修改后

字体中因为原标志的字体以被大众所熟悉，所以采用原字体，在对原字体进行调查后，发现"廉"字识别度低。于是将"廉"在原风格上将笔画其清晰化处理。"廉"字笔画多，字复杂。于是保留原字体中"廉"字笔画变细的处理方法。川字笔画少，视觉上显单薄，于是将"川"字适当加粗了一点。在原字体中左右倾斜视角没有做到统一，于是将字体进行了倾斜角度统一的调整。

C9.《廉洁四川》

作者：张亚林

指导老师：张海霞

四川工程职业技术学院

原IOGO中背景的红色和外轮廓是最具有识别性的，包公帽是里面最具有廉洁文化的特色的。于是决定在LOGO简化过程中将原LOGO中的"廉"字的下半部分舍弃，保留颜色、外轮廓和包公帽，对本次作品进行设计。

廉洁四川logo设计

设计说明： 本方案围绕地域特色文化进行创作，其中竹子、莲花和熊猫作为设计的主要元素。其次莲花和最上方的官帽则点明"廉洁"这一主题。运用简单的图案使设计更加简洁明了。最下面则使用了"川"的形象，采用的是"廉洁"二字的首字母"L、J"，这两者共同构成了"川"字。颜色上大部分采用的是黑色和绿色，使该方案更加突出"廉洁"主题。

文创延展：

本方案围绕地域特色文化进行创作，其中竹子、莲花和熊猫作为设计的主要元素。莲花和最上方的官帽点明"廉洁"这一主题。运用简单的图案使设计更加简洁明了。最下面则使用了"川"的形象，采用的是"廉洁"二字拼音的首字母"L、J"，二者共同构成了"川"字。颜色上大部分采用的是黑色和绿色，使该方案更加突出"廉洁"主题。

C10.《廉洁四川》

作者：陈涵秋

指导老师：赵婷

四川电影电视学院

C11.《清风廉、家国安》

作者：张爱玲

指导老师：吴倩

四川工商学院

作品提取了具有四川特色的川剧中黑脸包公脸谱、太阳神鸟的元素，加之四川两字进行重新融合创造。字体以书法字体为主，整体字体中强烈的笔触、规则的形状、重量感，贴合了标志中包公执法如山、铁面无私的形象特点。

C12.《廉洁四川》

作者：吴敏、唐天然

指导老师：李鑫

广安职业技术学院

　　熊猫代表四川，莲花代表廉正，出淤泥而不染，这两个形象都已深入人心，人们对其印象比较深，所以在此基础上的作品设计也更能够让大众更快地接受；颜色选取的是绿色，符合清风朴实的廉洁风气。

C13.《廉洁四川》

作者：林心怡

指导老师：高媛

四川工商学院

四川廉洁

作品主题突出，寓意鲜明，褒扬了廉政勤政的高尚情操，抒发了浩然正气，体现了时代精神与反腐倡廉建设的巧妙结合。清正廉洁，是融入中国共产党人血脉之中的不变本色，也是中国共产党人代代传承的红色基因。

廉洁四川logo设计

● logo及创意说明
Creative explanation

清正廉洁是融入中国共产党人血脉之中的不变本色，也是中国共产党人代代传承的红色基因。我采用的就是红色，暗红为主表达端庄严肃，也表达了对贪污腐败严惩不息的决心。用圆圈框起来表达着法网恢恢，疏而不漏。作品褒扬了特殊时期廉政勤政的高尚情操，抒发了浩然正气，体现了时代精神与反腐倡廉建设的意出。

● 标准制图

● 标准色
Standard color

暗红
Dark red

● 辅助图形

● logo应用

C13

C1

C2

C3

C4

C5

C6

二等奖

C1.《廉洁做人》

作者：张晗

指导老师：聂鑫鑫

成都锦城学院

C2.《廉洁四川》

作者：林鑫

指导老师：赵婷

四川电影电视学院

C3.《拥抱廉洁》

作者：范天兴、廖以盛

指导老师：范韵

宜宾学院

C4.《廉洁四川》

作者：李蔚诗、丁婉莹

指导老师：侯亚红

成都理工大学工程技术学院

C5.《"廉洁四川"LOGO 设计及应用》

作者：苏亭羽、张彩翠

指导老师：司园园

四川工商学院

C6.《廉洁·四川》

作者：谭文宾

指导老师：彭芳燕

成都大学

C7 C8 C9

C7.《廉洁四川 LOGO 设计》

作者：廖小辉、陈杉杉

指导老师：范韵

宜宾学院

C8.《廉洁四川》

作者：廖慧莲

指导老师：赵婷

四川电影电视学院

C9.《廉洁四川》

作者：聂夕容

指导老师：赵婷

四川电影电视学院

C10 C11 C12

C10.《廉洁四川》

作者：孟星宇

指导老师：赵婷

四川电影电视学院

C11.《廉洁四川》

作者：杜雨轩

指导老师：赵婷

四川电影电视学院

C12.《廉洁四川》

作者：邓雪、谭成润

指导老师：方君

四川工商学院

C13

C15

C16

C14

C17

C18

C13.《廉洁四川》

作者：苟丹、张彩翠

指导老师：司园园

四川工商学院

C14.《悬顶之剑》

作者：魏子又

指导老师：许可

成都师范学院

C15.《廉洁四川》

作者：胡宇、陈宇

指导老师：冯妮娜

四川文化产业职业学院

C16.《廉洁四川》

作者：李欣

指导老师：赵凌之

西华大学

C17.《正心明道、怀德自重》

作者：曹和、曾建龙

指导老师：刘炜

宜宾学院

C18.《棱角温度》

作者：江梅林

四川大学

廉洁四川logo设计

C19

C20

C21

C22

C23

C24

C19.《廉洁四川 LOGO 设计》

作者：李中燕

指导老师：赵婷

四川电影电视学院

C20.《廉洁四川》

作者：刘申申

指导老师：赵婷

四川电影电视学院

C21.《廉洁四川》

作者：万周全

指导老师：徐畅

广安职业技术学院

C22.《廉洁四川》

作者：方淼

指导老师：赵婷

四川电影电视学院

C23.《廉洁四川》

作者：李玟

指导老师：高媛

四川工商学院

C24.《"莲"洁四川》

作者：梁景琪

指导老师：方君

四川工商学院

C25

C26

C27

C28

C29

C25.《廉洁四川》
作者：罗锦华
指导老师：赵婷
四川电影电视学院

C26.《廉洁四川 LOGO 设计》
作者：廖小辉、王志立
指导老师：范韵
宜宾学院

C27.《廉洁文化》
作者：刘益成
指导老师：方君
四川工商学院

C28.《廉洁四川 LOGO 设计》
作者：周兴友、唐誉溪
指导老师：侯亚红
成都理工大学工程技术学院

C29.《廉洁四川》
作者：袁天香
指导老师：高媛
四川工商学院

C30

C31

C32

C33

C34

C35

C30.《红脸面具》

作者：王思颖

指导老师：聂鑫鑫

成都锦城学院

C31.《廉洁四川》

作者：毛雯静

指导老师：赵婷

四川电影电视学院

C32.《以人为本、廉洁在心》

作者：刘婷婷、吴禄平

指导老师：万祥虎

阿坝师范学院

C33.《廉洁四川》

作者：杜馨

指导老师：吴倩

四川工商学院

C34.《川廉》

作者：宿鹏

指导老师：王棱

眉山职业技术学院

C35.《廉洁四川》

作者：艾云鹏

指导老师：于楠

乐山职业技术学院

C36

C37

C38

C39

C36.《凤莲圆舞》

作者：陈容

指导老师：聂鑫鑫

成都锦城学院

C37.《廉洁四川 LOGO》

作者：刘冰洁

成都锦城学院

C38.《廉洁四川 LOGO》

作者：李涛、黄乐瑶

指导老师：李扬

成都锦城学院

C39.《廉洁四川 LOGO 设计》

作者：折向钰

指导老师：高媛

四川工商学院

三等奖

C1

C5

C2

C6

C3

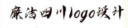

C7

C4

C9

C1.《莲洁四川》

作者：姜露

指导老师：司园园

四川工商学院

C2.《廉洁四川》

作者：沈浩然

指导老师：赵婷

四川电影电视学院

C3.《科技"廉"四川》

作者：许嘉庆

指导老师：高媛

四川工商学院

C4.《廉洁四川》

作者：肖晴

指导老师：高媛

四川工商学院

C5.《清廉学校：四川 LOGO》

作者：舒鑫悦

指导老师：胡志

眉山职业技术学院

C6.《廉洁四川》

作者：李玉珍

指导老师：司园园

四川工商学院

C7.《廉洁四川 LOGO 设计及应用》

作者：王炳鑫

指导老师：李陵

西南石油大学

C8.《廉洁四川》

作者：刘超

指导老师：赵婷

四川电影电视学院

C9.《廉洁四川 勤政为民》

作者：王紫阳、文元庆

指导老师：万祥虎

阿坝师范学院

C10

C11

C12

C13

C14

C15

C16

C17

C18

C10.《廉 LOGO》

作者：陈艳丽

指导老师：蔡雪琳

四川三河职业学院

C11.《廉洁伴我身》

作者：陈思颖

指导老师：高媛

四川工商学院

C12.《弓》

作者：任佳楠

指导老师：方君

四川工商学院

C13.《包小廉》

作者：万诗炜、刘思宇

四川农业大学

C14.《廉洁四川 LOGO 设计及应用》

作者：谭文宾

指导老师：彭芳燕

成都大学

C15.《廉洁四川》

作者：舒薇薇

指导老师：赵婷

C16.《廉洁四川》

作者：苏日龙

指导老师：方君

四川工商学院

C17.《廉洁四川》

作者：王向阳

四川工商学院

C18.《廉政文化》

作者：谷雨、侯先进

指导老师：冯妮娜

四川文化产业职业学院

C19.《德行天下·廉润芷兰》

作者：谭国秀

指导老师：吴倩

四川工商学院

C20.《川蝉廉》

作者：张欣雨、辜星阳

指导老师：方珺

四川工商学院

C21.《廉洁四川》

作者：郝诗佳

指导老师：聂鑫鑫

成都锦城学院

C22.《廉洁四川》

作者：方章、田强

指导老师：陈雪

内江职业技术学院

C23.《锦廉》

作者：程玉杰、艾椿翔

指导老师：刘丽娇

成都锦城学院

C24.《廉洁四川》

作者：刘春琼

指导老师：赵婷

四川电影电视学院

C19

C20

C21

C22

C23

C25

C25.《廉洁四川 LOGO》

作者：刘玲玲

指导老师：赵婷

四川电影电视学院

C26.《廉洁四川》

作者：刘怀乐

指导老师：赵婷

四川电影电视学院

C27.《廉洁四川》

作者：邓敏

指导老师：赵婷

四川电影电视学院

C26

C24

C27

C28

C32

C33

C29

C30

C34

C35

C31

C36

C28.《廉洁四川》
作者：贺敏
西华大学

C29.《廉洁四川》
作者：邓雪、谭成润
指导老师：方珺
四川工商学院

C30.《清正廉洁》
作者：俞馨茹
指导老师：方君
四川工商学院

C31.《廉洁》
作者：刘敏
指导老师：高媛
四川工商学院

C32.《廉洁四川LOGO设计及应用》
作者：苏亭羽
指导老师：司园园
四川工商学院

C33.《川莲之光》
作者：李星月
指导老师：曹邑
四川大学

C34.《廉洁四川》
作者：陈吉
指导老师：赵婷
四川电影电视学院

C35.《廉洁蜀地》
作者：刘正纲
指导老师：杨峰
四川文化艺术学院

C36.《廉洁四川》
作者：李艳
指导老师：司园园
四川工商学院

C37　　　　　　C38　　　　　　C39

C40　　　　　　C41　　　　　　C42

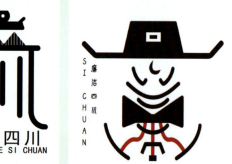

C43　　　　　　C44　　　　　　C45

C37.《廉洁四川》
作者：李淇
指导老师：聂鑫鑫
成都锦城学院

C38.《廉洁四川》
作者：万丽华
指导老师：赵婷
四川电影电视学院

C39.《包小熊》
作者：刘伟龙
指导老师：吴倩
四川工商学院

C40.《廉洁四川》
作者：骆红梅
指导老师：高媛
四川工商学院

C41.《廉洁》
作者：田孙渝
指导老师：聂鑫鑫
成都锦城学院

C42.《竹清心·廉公正》
作者：柏蕴芝、袁令仪
指导老师：郑阳
四川文化产业职业学院

C43.《"廉洁四川" LOGO 设计》
作者：潘欣
指导老师：赵婷
四川电影电视学院

C44.《廉洁四川》
作者：马入熙
指导老师：赵婷
四川电影电视学院

C45.《廉洁四川 LOGO 设计》
作者：吕萌瑶
指导老师：赵婷
四川电影电视学院

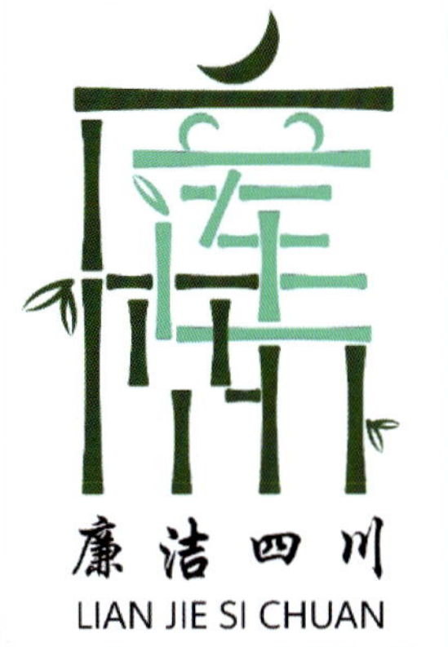

C46

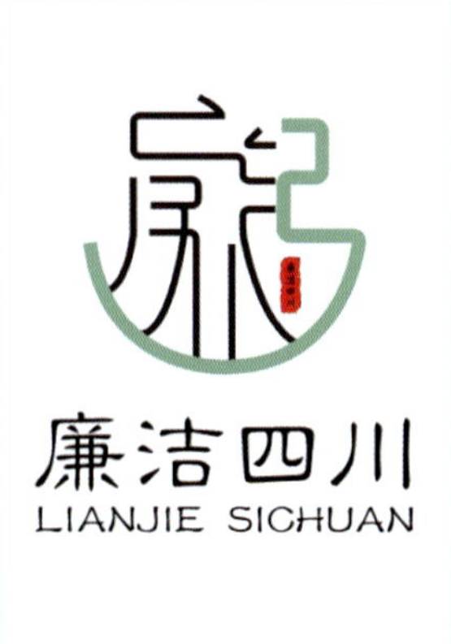

C47

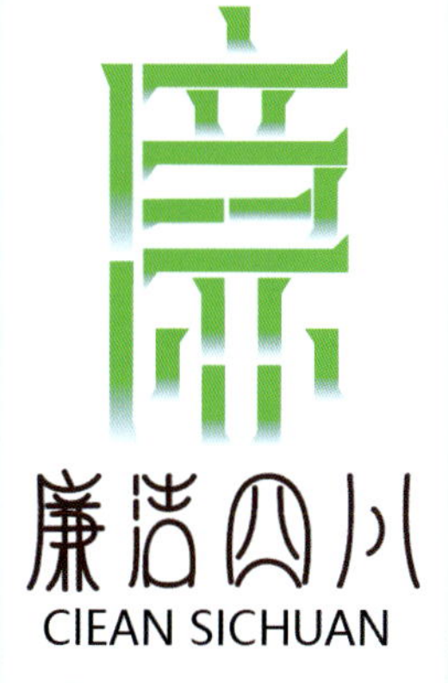

C48

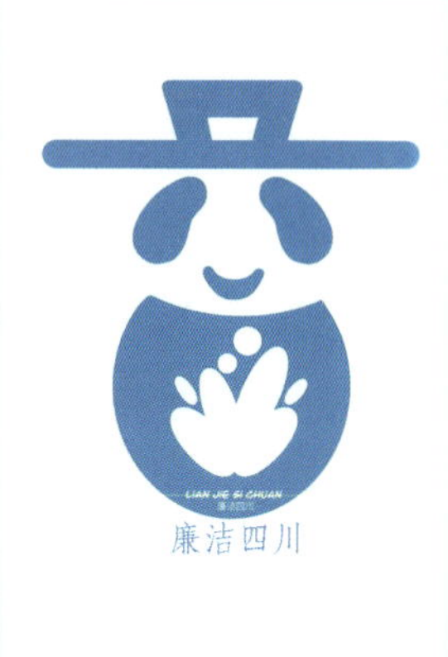

C49

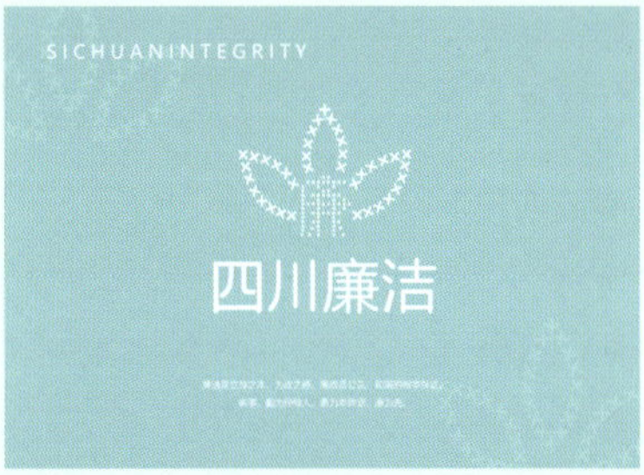

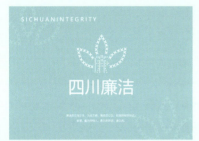

C50

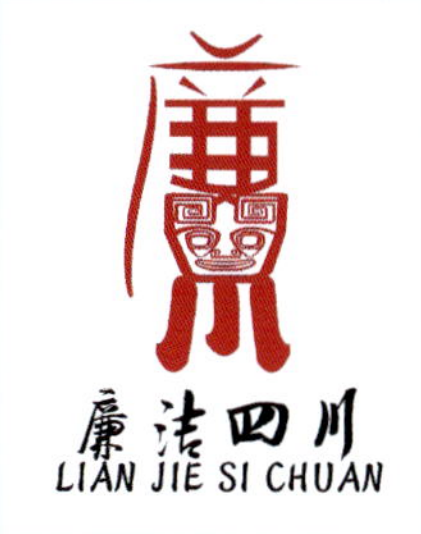

C51

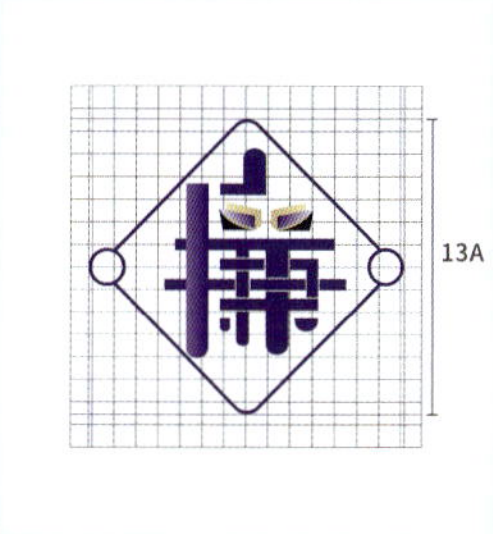

C52

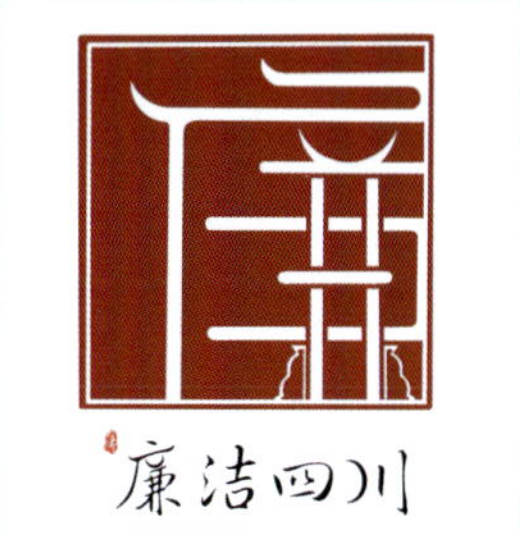

C53

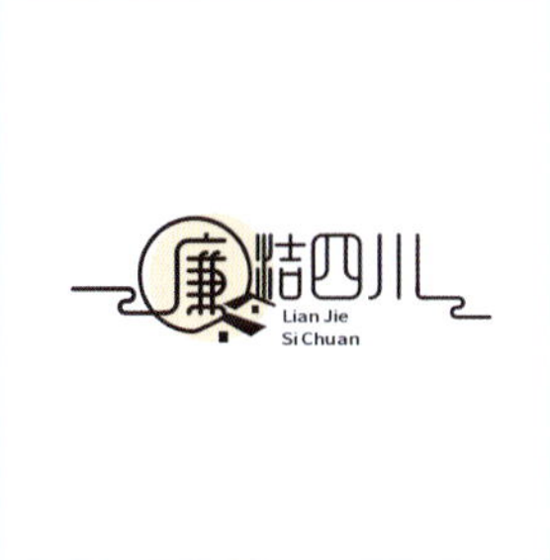

C54

C46.《莲洁四川》
作者：吕音
指导老师：赵婷
四川电影电视学院

C47.《廉洁天下 洁润四川》
作者：王苓会
四川工商学院

C48.《竹之廉洁四川》
作者：谢灿
指导老师：方君
四川工商学院

C49.《廉洁四川》
作者：田沵祎
指导老师：赵婷
四川电影电视学院

C50.《廉洁自律》
作者：鲜述琼
指导老师：黄政
广安职业技术学院

C51.《廉洁四川》
作者：濮迷琪
指导老师：赵婷
四川电影电视学院

C52.《以廉之心、织光明未来》
作者：付彩蓉
西南石油大学

C53.《廉洁四川》
作者：郝若彤
指导老师：高媛
四川工商学院

C54.《廉洁四川》
作者：陈子含、蒋敏
指导老师：高成
四川航天职业技术学院

C55

C56

C57

C58

C59

C60

C61

C62

C63

C55.《廉洁四川》

作者：许世杭

指导老师：方君

四川工商学院

C56.《共筑廉洁四川》

作者：韩金钊

指导老师：李扬

成都锦城学院

C57.《熊"清"天》

作者：李运琳

指导老师：赵婷

四川电影电视学院

C58.《廉洁四川》

作者：刘鹏

指导老师：赵婷

四川电影电视学院

C59.《廉洁四川》

作者：袁杰

指导老师：吴倩

四川工商学院

C60.《廉洁四川》

作者：彭梦琪、曹莹融

指导老师：方君

四川工商学院

C61.《廉洁四川》

作者：曹晓凤

指导老师：高媛

四川工商学院

C62.《廉洁四川》

作者：安东美、徐娟

指导老师：高成

四川航天职业技术学院

C63.《袖舞廉洁》

作者：王志坤、张宇杰

指导老师：李扬

成都锦城学院

C64

C65

C66

C67

C68

C69

C70

C71

C64.《廉洁四川》
作者：徐颖超
指导老师：高成
四川航天职业技术学院

C65.《廉洁四川》
作者：李平
指导老师：严增镔
宜宾职业技术

C66.《"莲"洁》
作者：丁瑶
指导老师：司园园
四川工商学院

C67.《"青"廉》
作者：陈诗怡
指导老师：聂鑫鑫
成都锦城学院

C68.《廉洁四川》
作者：熊岩松、张希萍
指导老师：郭雪莹
成都体育学院

C69.《由繁化简》
作者：张欣璐
指导老师：聂鑫鑫
成都锦城学院

C70.《廉洁四川》
作者：袁星宇
指导老师：张仕贵
绵阳飞行职业学院

C71.《廉》
作者：刘玉婷、张依文
指导老师：李扬
成都锦城学院

C72.《廉洁四川》
作者：刘邑薇
指导老师：赵婷
四川电影电视学院

C72

C73.《**人人反腐 日日倡廉**》

作者：贺敏、蔡馨阳

指导老师：魏豪彤

西华大学

C74.《**廉洁四川**》

作者：汪会

指导老师：聂鑫鑫

成都锦城学院

C73

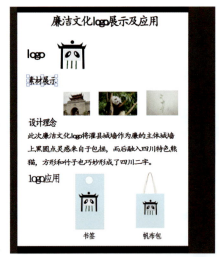

C74

C75.《**拾"金"**》

作者：杨东来

指导老师：周怡

四川大学

C76.《**廉洁四川**》

作者：熊岩松、张希萍

指导老师：郭雪莹

成都体育学院

C75

C76

IP 动画形象

一等奖

D1.《廉洁文化》

作者：何媛媛、黄智敏

指导老师：侯亚红

成都理工大学工程技术学院

　　本作品以具有浓厚地域特色的熊猫为原型，突出拟人化，为廉洁文化注入生机与活力。熊猫头顶帽子以荷叶为元素，荷叶有"出淤泥而不染，濯清涟而不妖"的美誉，代表清廉纯净；手环以竹子为元素，竹子是君子的化身，代表宁折不屈、正直淳朴的精神；眼睛注入火元素，火可以照亮一切，代表明辨是非，眼明心亮，增加了视觉设计的趣味和辨识度。

D2.《包小廉》

作者：刘思宇、韩孟芩

四川农业大学

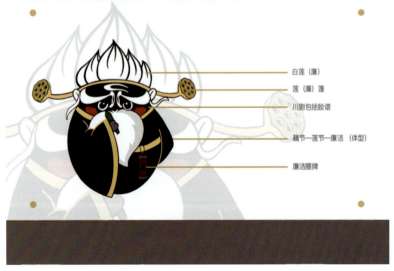

　　"包小廉"把自古以"廉洁"著称的包公作为原型，区别于传统的包公形象，简化繁杂的部分，保留体现包公显著特征的元素，用藕节的造型作为身体的设计，面部运用极具四川特色的脸谱，并将莲花、莲蓬的形状融入帽子的设计，整体形象简约不失趣味，不仅紧扣廉洁主题，而且传达出大公无私、两袖清风的价值观。

二等奖

D1.《零六"10"》

作者：李铠伊

指导老师：侯亚红

成都理工大学工程技术学院

　　此次主题为廉洁文化"510"，因此IP形象名称为零六，谐音廉牛，原型选用牛缘于牛本身就是勤劳、踏实、肯吃苦、廉洁等美好品质的象征，牛的眉心的梅花象征清廉高洁、坚贞不屈，寓意把崇高的品质篆刻于头上，高举于心，坚定守护；形象延展选用了四字"清廉礼贵"，以法官代表清明公正，公务员代表廉洁为民，警察代表礼法秩序，农民代表人民为贵，借此表达中国的廉洁文化将廉洁自律、秉公办事、不谋私利、为人民服务、清白做人的传统美德扎根在每个中国人民的心中，让我们在每个行业都得以展示出耀眼的光芒。

D2.《川北家风馆IP形象设计
——纤夫县令何易于》

作者：黄群晏、刘洪宁

指导老师：侯亚红

成都理工大学工程技术学院

　　本作品是川北家风馆的专属IP形象。川北家风馆位于四川省广元市，IP原型是唐代时期广元县令——何易于，他在任职生涯中，作为父母官勤勤恳恳为人民谋福利，为了不误老百姓农时，身为县令客串纤夫引舟。

D3.《"廉小熊"》

作者：叶俊泽

指导老师：喻琪雯

四川轻化工大学

作品以熊猫为主题，进行创意设计，传达出生活处处要廉洁的观点，选取了最能代表四川的动物形象熊猫。熊猫的服装变化意在强调在生活的不同方面保持廉洁。

D4.《青脸川川（清廉川川）》

作者：菊永茂

成都大学

四川本就有不少清廉事迹流芳传唱，青脸川川诞生于四川人民对廉洁品质的保持与传承。青脸川川身体由代表着四川著名历史文化的三星堆青面铜器构成。川川喜欢历史上包公的形象，于是在穿着上学习了包青天的四爪蟒纹袍，还给自己眉间点了一个月牙，另有象征着清廉、正直、纯洁的三朵莲花围绕身边。青脸川川在世间监督着人们在行事工作中是否清廉，当有人不小心走上歪路时，青脸川川会用身边的莲花花瓣将人唤醒，不管是以前还是现在，青脸川川和清廉文化都会一直在世间陪伴着我们……

D5.《苏小廉》

作者：王瑞

指导老师：兰钊

四川大学锦江学院

作品以苏东坡的形象为设计核心，人物身着传统的宋代服饰，头戴颇具特色的东坡帽，左手握毛笔，体现苏东坡爱好高雅的品质，右手托莲花，象征高洁，且"莲"与"廉"同音，有力地彰显了本次廉洁文化宣传活动主题。整个色彩以干净稳重的青花瓷蓝色为主，给人带来稳重、传统、雅致的感觉。在人物设定上，以Q版为主，让人物更加生动形象。

D6.《清廉家族》

作者：黄世昀、袁嘉俊

指导老师：张艳

成都理工大学

作品将四川熊猫与梅兰竹菊相结合。梅兰竹菊为清正廉洁、品行端正的代表，而熊猫则为四川的代表，作品将清廉元素和熊猫结合，创造了四个新形象，组成四川清廉家族。

阿梅：来源于梅花，以熊猫姑娘作为主要形象，身穿白色袍子，意喻高洁清廉。额头梅花样式参考了唐妆，表现出阿梅性格温和、细心。 竹公：来源于竹子，以包公作为主要形象，竹公为人宽厚，办事严谨。身穿官袍，手拿竹子，意喻正直廉洁。 兰兰：来源于兰花，以书生作为主要形象，形象可爱憨厚，性格有点小顽皮。主要表达清正之气应从小耳濡目染，注重思政廉洁教育。 小菊：来源于菊花，以剑客作为主要形象，性格直率，为人正直，身上带有斗笠酒壶利剑等，颇有侠客风范，寓意精准打击腐败，打造廉洁社会。

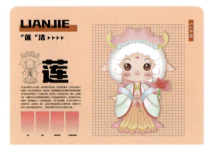

D1

D2

D3

D4

D5

D6

三等奖

D1.《熊猫包包》

作者：王心悦

指导老师：杨剑

四川轻化工大学

D2.《"510"我要廉》

作者：郑红艳

指导老师：侯亚红

成都理工大学工程技术学院

D3.《"莲"洁》

作者：黄雪

指导老师：陈绍华

四川师范大学

D4.《莲清清》

作者：项慧、赵廷霞

指导老师：范韵、刘炜

宜宾学院

D5.《狮小豸》

作者：王柳、周菲

指导老师：游元明

成都工业学院

D6.《廉洁》

作者：冉静、张会凌

指导老师：侯亚红

成都理工大学工程技术学院

D7

D8

D9

D10

D11

D12

D13

D14

D7.《廉小宝》

作者：文宇航、黄徐然

指导老师：李扬

成都锦城学院

D8.《苏小熊 爱廉》

作者：王贝

指导老师：兰钊

四川大学锦江学院

D9.《LANTUTU》

作者：黄雪

指导老师：陈绍华

四川师范大学

D10.《小川炮》

作者：王奕儒

指导老师：陈杨飞

四川建筑职业技术学院

D11.《心相廉》

作者：陈俊霞、邵磊洋

指导老师：王海明

宜宾学院

D12.《廉洁先生》

作者：范天兴、段婷婷

指导老师：刘炜、范韵

宜宾学院

D13.《包小廉》

作者：曾懿、郑镕浩

指导老师：侯亚红

成都理工大学工程技术学院

D14.《廉卿》

作者：吕雯婧、钟羽彤

指导老师：江云涛

四川信息职业技术学院

E
AI

以下作品均为借用 AI 技术手段所生成。

一等奖

E1.《诵苏轼之词、扬清廉之风》

作者：仇琬玲

指导老师：汪洋

四川工商学院

"竹杖芒鞋轻胜马，谁怕？一蓑烟雨任平生"，作品选取竹林场景，将一顶简单朴素的草帽放置于竹林山水间，通过诗句，表达应当简单做事，清廉工作，切勿忘记自己的使命。"苟非吾之所有，虽一毫而莫取"，场景以夜游赤壁感受明月清风，通过诗句，表达做人要端正，杜绝贪婪、崇尚廉洁。"人生到处知何似，应似飞鸿踏雪泥"，选取大雁在雪中飞起的场景，通过诗句，表达人生应简单，因为有的东西生不带来、死不带去。

E2.《**我心向莲·廉不可摧 - 木雕**》

作者：刘银辉

指导老师：万延

四川师范大学

　　将莲花的形象与木雕结合生成这样含苞待放的粉色莲花，其形状栩栩如生，加上渐变的粉色点缀非常美，也寓意"廉洁是美"，含苞待放还代表生长的力量，正在生长的荷花就像不断树立的廉洁风气，是一股强大的力量，这样的力量能让生活变得更美。两款木雕，一款是立体摆件，为正在生长中的莲花形象，另一款是一个立体挂饰，可以直接挂在墙上作为装饰物，木雕的纹路非常细腻，极具东方美感韵味。

二等奖

E1.《纸卷画廉洁》

作者：邹巧越

指导老师：陈志红

内江师范学院

E2.《廉洁－小德》

作者：钟宇、陈昊天

指导老师：袁宴林

成都银杏酒店管理学院

E3.《廉政为本 共建中国》

作者：滕羽菲、庞奥宇

指导老师：赵帅

四川大学

E1

作品以物喻廉，把廉洁寓于剪纸之中，清廉之风纸中来。运用 midjourney AI 创作工具，根据"当官常念廉政经，人生航船平安行""黑白分明隔一线，廉腐相克差一念"诗句创作。将剪纸艺术和廉洁诗句与四川古代建筑相结合，展现了四川大美山水，寓意廉洁在此中。建筑原型为犍为县文庙、凌云塔等特色建筑，合成画面元素关键词选择了梅花、松柏、红枫等。

E2

作品设计关键词有：IP 形象、社会主义、廉洁、熊猫、盖碗茶、510、脸谱、包青天、官帽、莲花、竹子。其中动画形象的名字取自诸葛亮《诫子书》中的"廉以养德"。

作品设计关键词与廉洁建设以及中国新时代，如莲花、长城、城市、鸽子、锦鲤、牡丹、祥云、中国现代化等，体现了中国共产党执政下的美好中国特色社会主义图卷。

E3

E1

E3

三等奖

E1.《竹小川》

作者：江梅林

四川大学

E2.《天平守正，廉洁生威》

作者：张鉴予、王天宇

指导老师：徐天韵

西华大学

E3.《"莲"洁城市》

作者：王一博

指导老师：陈志红

内江师范学院

E4.《竹筒明灯·亮洁前行 AI 竹雕》

作者：刘银辉

指导老师：万延

四川师范大学

E2

E4

廉

廉腐就在一瞬间／莫伸手／伸手无法回头

朱德

不敢

阳光之下无腐败

拖动至卷轴，并点击
进行书写

YINSHIPINLEI

音视频类

短视频

一等奖

F1.《廉腐一瞬间、荣辱两重天》

作者：魏明晖

指导老师：赖宇

四川师范大学

　　廉腐一瞬间，荣辱两重天。为官者面对各种诱惑，若不能守住底线，一旦侥幸心理占据了上风，便会在"不经意间"垮掉清廉的"防火墙"，破防之后，面临的将是深渊万丈，无法回头。短片以"廉""腐"二字相似的字形为创意，用诱惑之声和破防之口的声画表达，形象地展现了一旦不能守住底线，就无法回头的破防过程，以警醒观众：莫伸手，否则再也无法回头。

廉腐就在一瞬间／莫伸手／伸手无法回头

F2.《棋局》

作者：刘艺涵、陈远皓

指导老师：李涛

西华师范大学

红棋：你贪了

我可没贪

这是交换

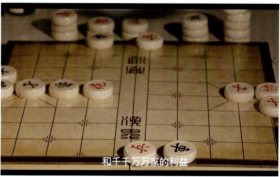
和千千万万家的利益

权力不是你手中的棋子

以棋喻政，通过红黑棋子对弈，展示官场的利益交换，最后借红棋车炮绝杀局面表明千千万万家的利益大于个人利益。

黑白之界是法律的红线。行贿的商人与受贿的官员，本是一黑一白，但白方越过红线，则如清水被墨水染黑，同流合污。腐败的大部分情况都是官商勾结，官商之间进行权钱交易或者权色交易。官员腐败往往都是从第一次接受小恩小惠开始，从此之后便再也收不了手。

F3.《黑白之界》

作者：易薇、胡诗恬

指导老师：宋晓宁

成都理工大学

二等奖

F1.《阳光之下》

作者：范煜、刘佳乐、左顺琪

指导老师：刘宇坤

四川文化艺术学院

以天平称重来展现人内心尺度的衡量，光影变换，剪影蕴含着深意。天平代表世间的公平公正，一边用珠宝代表地位、用打火机代表战争、用钞票代表金钱，最后用糖果来代表世间的诱惑存在，另一边再用警察、医生、消防员以及人民群众来代表世间的真善美。用天平进行衡量，让双方较量，以此来展现出世俗的公正与法制。

F2.《二十二笔》

作者：陈思含、骆甜甜、陈佳

指导老师：卢琳

四川大学锦江学院

我们一直在不断地向前走，时常会遇见交叉路口，选择哪一条路才是正确的？"廉洁"能够告诉我们答案。

F3.《纽扣》

作者：李冰倩、张淑媛、钟煜雯

指导老师：王潇余

四川传媒学院

男主人公从政，但因周围浑浊的社会环境，一步一步走向贪污，纽扣代表着男主人公升迁的过程，最后一颗纽扣代表了男主人公最终的结果。结局说明了惩治贪污的党风建设的重要意义。

F4.《清风》

作者：孙燕萍、徐岩、任思怡

指导老师：刘宇坤

四川文化艺术学院

以物喻意，用多类物品对比展现廉洁与腐败两种风气导致的不同结果与现象，警示世人。

F5.《公生明 廉生威》

作者：况文倩、唐璐、杨靖森

指导老师：鄢怡婧

成都锦城学院

白袍点墨，终不可湔，不要让一滴墨水破坏了纯净；微腐虽小，关系人心向背，不要让一块牌的失误破坏了整体大局；不衿细行，终累大德，不要让一瞬间的邪念拖累你前行；蝇贪猛虎，防腐无小事，不要让一颗钉子令全局溃散。纵使池水千般遍，唯清不过君子莲，要始终秉承出淤泥而不染的廉洁精神。

本片以存钱罐为主体，开头一枚金币放进存钱罐意味着主人公被金钱腐蚀的开始。随着不同的手不断将金币放入存钱罐，存钱罐本身越发倾斜，寓意着主人公思想倾斜，不再廉正。同时放入金币的速度逐渐加快，数量也逐渐变多，再结合背景音中各式各样的阿谀奉承的语言，寓意着主人公的彻底腐化和堕落。最后金币倾泻而下，大量财富被非法敛得，但天网恢恢，疏而不漏，主人公终究难逃法律的制裁——法官锤砸向存钱罐，也一锤定音了最终的审判。短暂的黑屏过后，闪着光的手铐在破碎一地的存钱罐和洒落的金币中格外显眼，结合背景音里的警车声、手铐开合的声音、牢狱大门关闭的声音，寓意着"铜臭铸就镣铐"，唯有廉洁才能坦荡一生。

F6.《破碎的金猪》

作者：谢海瀚、郑宝庆、苏丹丹

指导老师：赵怡涓、杨怡静

四川大学

F7.《固本清源》

作者：刘会琪、魏佳雪

指导老师：鄢怡婧

成都锦城学院

水清则目明，水明则鱼清，贪污如油，腐败如墨；不受曰廉，不污曰洁；固本清源，方得始终。廉洁就如水一样，清澈见底，是一个人的初心，若被油污黑墨沾上，便再也不可回。所以，固本清源，方得始终。

F8.《水至清》

作者：姜万泽、何金鑫

四川传媒学院

本片运用清水与浊水的对比来展现"廉洁自律绷紧弦，拒腐防变勿贪念"的主题思想。本片利用鱼缸等道具展现出清正廉洁的幸福时光和被贪念腐蚀后暗无天日、破败不堪的生活。

F9.《红砖》

作者：马仕昂、黄志朋、何子弘

指导老师：王潇余

四川传媒学院

每一次侥幸的贪污都会对整体造成一次破坏，从而使自己的欲望越来越大，最终造成经济大厦的崩塌，逃不过牢狱之灾。

F10.《阳光之下无腐败》

作者：张飞、董晴、邓书雯

指导老师：侯默、黄立佳

西昌学院

家风家教是一个家庭最宝贵的财富，是留给子孙后代最宝贵的遗产。女主人公通过父亲的言传身教，投身于廉洁文化的传播事业之中。天下之本在国，国之本在家，注重好家教家风，必定能以千千万万家庭的好家风支撑起全社会的好风气。

F11.《洁代相承》

作者：胡子骞、杨默

指导老师：刘宇坤

四川文化艺术学院

三等奖

F1.《传承三国清风 弘扬时代廉音》

作者：陈天怡、宵宝瑶、吴艾芝

指导老师：任静宜

四川传媒学院

F2.《人生如棋》

作者：胡晓涛、彭磊

指导老师：毛佳慧

南充文化旅游职业学院

F3.《一念之差》

作者：李玮霖、刘又静、李斯扬

指导老师：李涛

西华师范大学

F4.《廉》

作者：王彦苏、黄歆芮、杨黎

指导老师：任静宜

四川传媒学院

F5.《破茧》

作者：谢宇涵、李晓兰、黄婧雅

指导老师：毛佳慧

南充文化旅游职业学院

F1

F2

F3

F4

F5

温及庶黎

F6

F7

F8

F6.《廉者》

作者：刘鑫、张宇
杰、王志坤

指导老师：李扬

成都锦城学院

F7.《廉洁如水》

作者：邹婧、严格

指导老师：刘宇坤

四川文化艺术学院

F9

F8.《勤学》

作者：王春燕、彭薇

指导老师：李扬

成都锦城学院

F9.《"莲"不染》

作者：依火呷呷莫、沙马阿加、
杨倩

指导老师：张瑜

南充文化旅游职业学院

F10.《廉洁》

作者：唐诗旖

四川外国语大学成都学院

F10

F11

F12

F13

F14

F15

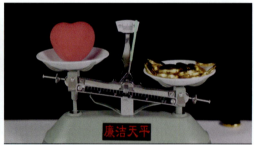

F16

F11.《坚守本心》

作者：王龙、刘玲玲、卓慧玲

指导老师：付红霞

成都纺织高等专科学校

F12.《廉洁·安乐》

作者：孙锦鹏、刘珂函、熊胡洋

指导老师：高明达、镡祎梦

南充文化旅游职业学院

F13.《廉洁自律、一生平安》

作者：郑含嫣、张银盈、杨致远

指导老师：刘平

四川大学

F14.《自洁》

作者：梁豪富、李圣

指导老师：刘宇坤

四川文化艺术学院

F15.《人生黑白》

作者：王子玫、钟煊柳、骆怡婷

指导老师：孙明

成都大学

F16.《不忘初心、不染贪欲》

作者：严茹钰、徐珑珂、唐娟

指导老师：骆志伟

四川师范大学

▶

这件事就拜托您了

F17

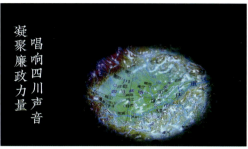

唱响四川声音
凝聚廉政力量

F18

《老王》

F19

F20

木偶

堂堂正正做人　清清白白做官

F21

白线

F22

F17.《抉择》
作者：陈永喜、刘丹丹、张程雪
指导老师：马东
西昌学院

F18.《廉洁之光照亮中国》
作者：谢可欣、李虹易
指导老师：罗跃妹
西昌学院

F19.《老王》
作者：李龙月
指导老师：李涛
西华师范大学

F20.《空杯切》
作者：田雨彤、黄芯旖、李秋阳
指导老师：李阳
西南交通大学

F21.《木偶》
作者：王微、张鑫、李其毅
指导老师：王大智、曹钢
四川传媒学院

F22.《白线》
作者：王梦柳、曾琳芸、敬荞竹
指导老师：孙明
成都大学

▶

G 短片

一等奖

G1.《朱德的扁担》

作者：杨玉婷、韩朦朦、袁雅珣

指导老师：骆志伟

四川师范大学

我们从小就听着"朱德的扁担"这个故事长大，并深受鼓舞，于是在大广赛中选定这个题材，以皮影戏的形式展现朱德的廉洁精神和革命意识。作品中的皮影都是我们手工制作的，虽然有些简陋但我们乐在其中，同时在完成配音和配乐的过程中我们也花了不少心思。组员在手写"扁担闪闪亮，廉洁心中藏"这幅字时表示她非常感动，希望当这句标语出现的时候，每位观众都能感受到这个故事里蕴含的力量。

❶

❷ 爷爷 爷爷 我想要听故事

❸ 井冈山根据地的军民生活十分困难

❹ 朱军长 歇歇吧 走了好一会呢

❺ 我的扁担上次是不是你给藏起来了

❻ 你看我在担子上写了朱德记

❼ 也要成为像朱德军长这样廉洁的人

G2.《蛊》

作者：王玲、周子爱、敬鑫

指导老师：邱广宏、郑直

绵阳师范学院

短片通过"剪影"的方式，来影喻贪官堕落腐败的过程：刚开始尽职尽责，家庭美满，夫妻恩爱，但逐步被物欲引诱，走向歧途，落得个一无所有的结局。短片灵感来源于说文解字，利用毛笔字"腐"，拆分开来，"付"字表示"权钱交易"，从一开始抵制诱惑，到渐渐沉迷堕落，不听妻子劝阻，迷失自我。"肉"字表示"肉欲"，官员见色起意，导致最后抛妻弃子。"广"字代表"保护伞"，暗示"官黑勾结"，不法分子用金钱换得了官员的"保护"，但法网恢恢疏而不漏，官员最后穷途末路，一无所有。

一个普通官员在一次次接收"礼物"之后，将自己变成了欲望的傀儡。

G3. 《贪欲之心、殒命之绳》

作者：罗文雅、肖欣池、任柯飞

指导老师：张慧

绵阳师范学院

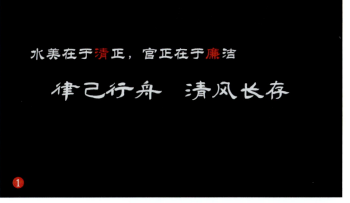

G4.《自律行舟》

作者：张妍、粟千芮、姜蔚

指导老师：黄瑞玲

四川音乐学院

创意取自"水能载舟，亦能覆舟"，将官员的形象抽象为"舟"，将官员"廉洁的品德"具象化为"水"，将"贪污"比作"墨"。在小船行驶的过程中，随着收受的贿赂越来越多，船身越来越重，最终陷入自取灭亡的"沉没"境地，而廉洁之水也在贪污之墨的污染下无法回到从前的洁净。

G5.《黑白一念之间，廉洁自在人心》

作者：徐莳博、黄可可、罗登力

指导老师：王大智

四川传媒学院

用黑跟白进行对比，用地下室与寺庙进行对比，用红绳比喻法律的红线：当一个人贪念丛生，开始触碰法律红线的时候，身上的衣服就会变为黑色，而这种行为也终将会把自己捆住。当面临一次人生选择，是做一个廉洁的人，还是做一个贪婪的人？短片尝试给出我们的答案。

黑白一念之間
廉潔自在人心

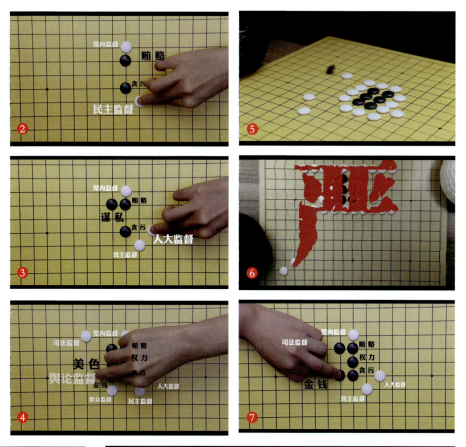

G6. 《 "严" 》

作者：李灵奇、李祖珂、王文杰

指导老师：宋晓宁

成都理工大学

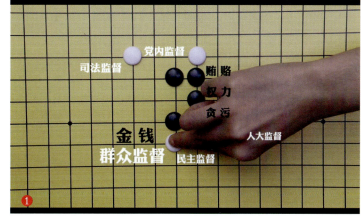

　　视频中黑子代表腐败不正之风，白子代表监督体系下的具体监督种类，每走一步贪污腐败的黑子，就会被不同的监督方式围堵。在六轮较量之后，黑子被白子彻底围堵，在一阵阵雷声中，象征监督的白子最终以汉字"严"的字形包围着象征贪腐的黑子，黑子的下一步再也无法落子。作品用传统文化围棋的表现形式，表达腐败与不正之风在全面覆盖、权威高效的监督体系下败下阵来。

G1

二等奖

G1.《为廉》

作者：郭奕辰、缪睿涵、
      吴苏宇

指导老师：卢琳

四川大学锦江学院

G2

G3

G2.《万丈高楼 毁于贪念》

作者：马一安、邬妮容、

王奕菲

指导老师：胡言会

西南民族大学

G3.《初心》

作者：岳江、徐巧玲、

张晓玉

指导老师：杨阳

G4

G5

G4.《公仆赞》

作者：王映心、胡沐坤、
李玥萱

指导老师：骆志伟

四川师范大学

G5.《廉洁自在人心》

作者：粟千芮、张妍、姜蔚

指导老师：黄瑞玲

四川音乐学院

G6

G6.《邂逅中国节 叁节篇》

作者：罗睿、赵舒雅、
　　　张骞予

指导老师：梁虹

成都理工大学

 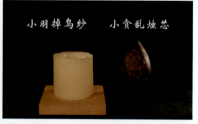

G7

G7.《小羽乱烛芯》

作者：俸秋悦、陈俊、
　　　吉果日作

指导老师：宋晓宁

成都理工大学

G8.《雄鸡一鸣天下白》

作者：任灵、汤紫馨

指导老师：蒋建华

成都理工大学

G8

G9

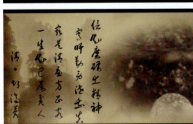

G10

G9.《粽香廉洁》

作者：李虽然、王希、
　　　张嘉艺

指导老师：黄瑞玲

四川音乐学院

G10.《一方清白》

作者：孙嘉蔚、郭瑞祥、
　　　蔡丽萍

指导老师：焦道利

西南石油大学

G11

G12

G11.《皮影今生》

作者：王竣、陈栩梵

指导老师：李涛

西华师范大学

G12.《一步深渊》

作者：李珍伟、余江正祎、
　　　郭金鑫

指导老师：张瑜

南充文化旅游职业学院

G13

G13.《标签》

作者：邓安安、李雨彤、
薛惠

指导老师：罗跃姝

西昌学院

G14.《蜀锦绣廉韵》

作者：韩湘烨、金宇桐

指导老师：鄢怡婧

成都锦城学院

G14

G15.《廉续清风》

作者：陈夏洁、林可依、
何俊霏

指导老师：卢琳

四川大学锦江学院

G16.《一心向党》

作者：刘伟、刘国强、曲劼

指导老师：秦二

四川文理学院

G15

G16

三等奖

G1.《李汰拒贿》
作者：杨玉婷、韩朦朦、
　　　郭倍希
指导老师：骆志伟
四川师范大学

G2.《笔写坚守》
作者：王媛媛、周欣、
　　　倪妍静
指导老师：王愚
绵阳师范学院

G3.《围城》
作者：罗秋芮、舒天一、
　　　万亭含
指导老师：黄瑞玲
四川音乐学院

G4.《固本清源》
作者：周佳琦、吴佳怡、
　　　陈吉
指导老师：刘婧楠
成都文理学院

G1

G2

G3

G4

G5

G6

G5.《深渊》
作者：柏杨、程序、熊国材
指导老师：镡祎梦、张瑜
南充文化旅游职业学院

G6.《安顺场——红色革命文化》
作者：贾璐绮
指导老师：朱洁
西南交通大学

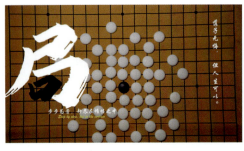

G7

G8

G9

G10

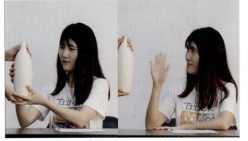

G11

G12

G7.《局》

作者：邢琪宣、陈熙灿灿、田旭阳

指导老师：孙明

成都大学

G8.《莲、家风》

作者：张志豪、曹丹、刘宇星

指导老师：廖夏妍、门涛

乐山师范学院

G9.《靶心与初心》

作者：汪飞、李文浩、李乐

指导老师：邹农

四川警察学院

G10.《廉根洁本》

作者：冯姝扬、李雪瑶

指导老师：谢丹、陈也

达州职业技术学院

G11.《廉者平安一世，贪者自毁一生》

作者：王振振、高才敏、施静文

指导老师：伍娟、谌力

成都信息工程大学

G12.《廉吏颂》

作者：岳鑫萍、张超

指导老师：孙昊璟

四川传媒学院

G13

G14

G15

G16

G17

G18

G13.《耕耘与育人："土壤医生"的故事》

作者：陈雨欣、齐天颖、刘玲

指导老师：文劲松

成都理工大学

G14.《以竹为范 清廉笃行》

作者：宋佳宇、史亚峰

　　　宋晓宁

成都理工大学

G15.《一"块"也不能少》

作者：王欣瑞、陈芮玺

指导老师：管博闻

四川传媒学院

G16.《纸韵廉心》

作者：龚怡霏、张玉翰、何靖

指导老师：宋晓宁

成都理工大学

G17.《深渊》

作者：唐刘英、张娇娇、杨丽君

指导老师：韩磊、汪雯雯

四川信息职业技术学院

G18.《清廉班风》

作者：樊彤彤、李昕烊、门志红

指导老师：周来、朱婷婷

四川文化艺术学院

▶

G19

G25

G20

G26

G21

G22

G23

G24

G19.《不朽的传承》

作者：覃谢惠日、董文馨

指导老师：刘宇坤

四川文化艺术学院

G20.《茶道廉理》

作者：张梦凡、朱梦婷、

　　　赵丰琪

指导老师：黄瑞玲

四川音乐学院

G21.《八十年守廉》

作者：徐可欣、刘琦、张成杰

指导老师：刘宇坤

四川文化艺术学院

G22.《坠落》

作者：朱盼兮、祝薇、周思瑶

指导老师：马东、麦新

西昌学院

G23.《纽扣》

作者：徐翔昊、廖恒、梁辉旸

指导老师：顾亚宁

四川大学锦江学院

G24.《我是"诸葛后人"》

作者：张蓝方、肖文瑞、伍玉枝

罗跃妹、张富翠

西昌学院

G25.《清风》

作者：袁阳锦、邱姜可、

　　　喻宸曦

指导老师：朱洁

西南交通大学

G26.《红色基因世代传，清风正气万事兴》

作者：邓倩怡、彭梦婷

指导老师：孙昊璟

四川传媒学院

▶

G27

G28

G29

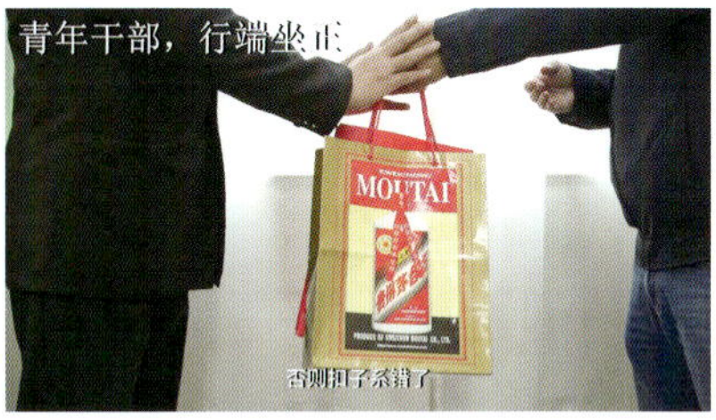

G30

G31

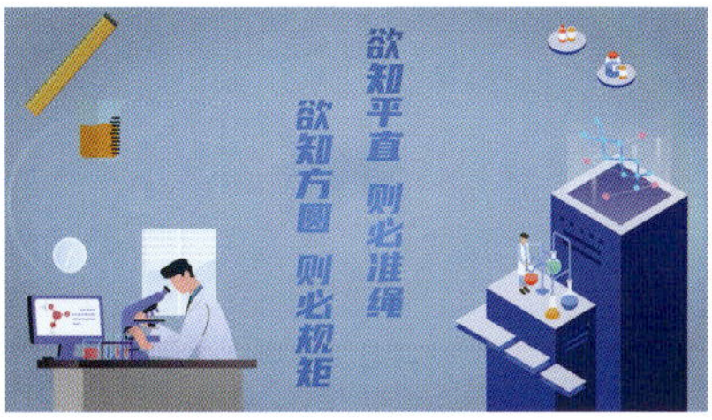

G32

G33

G27.《道明竹编·编织乡村好风景》

作者：慕卓茜

指导老师：秦敏

西南石油大学

G28.《照片回忆录》

作者：余恩泉、黄欣雨、宋鹏杰

指导老师：马东、侯默

西昌学院

G29.《四字茶道——廉美和敬》

作者：汤亚涵、刘艺多、李德仁

指导老师：黄冠

西华师范大学

G30.《第一粒扣子》

作者：曹丹、张志豪、刘宇星

指导老师：李兴成、门涛

乐山师范学院

G31.《化作红梅映山红》

作者：陈洁莹、杜秋霖

指导老师：李昀亭

四川轻化工大学

G32.《规矩》

作者：刘乙苇、朱逸航、邹竣麒

指导老师：詹恂、原航

电子科技大学

G33.《莲与她》

作者：田恬、马郁婷、袁琴利

指导老师：马东

西昌学院

微电影

听说北边来了一群流匪 到处作乱
and are making trouble everywhere

那国民党官吏 嘴上说着主义
The Kuomintang official was talking about doctrine

如果说他们问你换成金条要做什么
If she asks you what to do with the gold bars

腐败是悬在军统头上的一把利刃
Corruption is a sharp blade hanging over the military commander

陈风牺牲了
Chen Feng was martyred and committed suicide

心不动于微利之诱
The heart does not move in the lure of small profits

黎明将至

一等奖

H1.《黎明将至》

作者：尹一雯、罗子惠、梁灏鹏、
　　　卢星宇、刘伊慧
指导老师：王雪珺
成都理工大学

　　这是一个发生在黎明之前的故事。1946 年，中国共产党党员于志明和黎英潜入国民党，临时接到上级发布的为战事集资的任务，此任务被命名为"黎明行动"。他们目睹了国民党反动派贪污腐败的丑恶嘴脸，看到一个又一个同志倒在他们面前，倒在了黎明之前。我们中国共产党人，洁身、守正、廉洁、正直，聚集时清醒，独处时坚定，清心为治本，直道是身谋，黎明之前是千万同胞的隐忍等待，光明终将会到来。

二等奖

H1.《家风遗泽》

作者：李湘、陈静、陈珊、敬鑫、王玲

指导老师：邱广宏、张慧

绵阳师范学院

通过情景还原和老师讲述的方式，实现现实时空和过去时空交叠的效果，引领观众穿越时空，重新领略邓稼先赓序相传的清白家风：一是邓稼先和许鹿希分别之前，在家庭和国家之间做出艰难抉择的情景；二是邓稼先坚决不为亲人破例，他不仅拒绝了工作人员从招待所借来的双人床，也从来不带许鹿希去小食堂吃饭；三是在女儿邓志典赴美留学前夕，他借用《走向深渊》这部电影，教导告诫女儿不要贪图享乐。

H2.《繁星璀璨，廉灯长明》

作者：迟顺功、王沛茹、郑翔恒、刘耀旸、
　　　饶星雨

指导老师：赵怡涓、杨怡静

四川大学

作品聚焦中共党员高盛清将半生奉献给祖国核工业的廉洁事迹，讲述他在"两弹一星"工程中"干惊天动地事，做隐姓埋名人"，至老仍然心系困难群众，在四川省核工业残疾人联合会事业中发光发热。功成不必在我，功成必定有我。作品致力展现高盛清"为国为民、爱岗敬业、廉洁奉公、无私奉献"的廉洁精神，以激励新时代建设者淬炼身心，坚守共产党人政治本色，做好廉洁精神的守护者、践行者和传承者，以"廉洁精神"为内在线索，以"两弹一星""无名英雄""孺子牛""精神永传"四个部分共同彰显廉洁精神的题中应有之义。

H3.《医者廉洁》

作者：谢雨、吴念宜、高华卿

指导老师：徐明滔

西南石油大学

　　作品围绕医疗行业或地域特点，与医疗行业规章、团体章程相结合，展现本领域内的崇廉尚洁风尚。清正在德，廉洁在本。

H4.《家风谨，廉传之》

作者：陈思羽、虞懿琳、唐欣、熊思熠、
　　　张舜宇

指导老师：杨阳

乐山师范学院

　　家风家训代代传承，成为一个家庭最宝贵的财富，成为后代子孙修身齐家的准则。乐山沙湾铜河一带是郭沫若所生所长的地方，铜河一带的人民早已形成了"执善礼义先，道德仁爱贤，忠廉孝悌训，立功立嘉言"的家风、民风。纪录片的开始选择了一个沙湾的"典型人物"——乐山市沫若中学的魏小平老师，作为

介绍家风家训的切入点。魏老师曾入选 2021 年第一季度"四川好人榜"孝老爱亲好人。在家风家训的传承上，纪录片选择以郭沫若的母亲杜氏夫人对儿女的教导以及郭沫若大哥郭开文身上所体现的清廉淡泊的优秀品质作为介绍郭氏家族严谨治家、廉洁之风代代相传的线索。整体上，纪录片采用"点—面"的结构，将家风家训的影响从郭沫若家族这个"点"，扩大到清廉之风润泽整个铜河人民这个"面"，表现出郭氏家风与铜河文化相辅相成，无数铜河后人从中汲取营养，成长成才。

H5.《吴讷题诗拒黄金》

作者：杨眉丽佳

指导老师：王萍

成都理工大学

　　明代监察御史吴讷以刚介公正著称。一次，他巡察贵州，在返京时当地土司想赠送黄金百两，以求吴讷多多美言，并锲而不舍追到蘷州。吴讷坚决拒绝，看到送礼人仍不死心，吴讷在包着黄金的红色封盒上题诗一首，将其命名为《题贿金》。

H1

H2

H3

H4

H5

三等奖

H1.《爱莲者》

作者：李文聪、王竞搏、朱丽聪、王旭阳、韦嘉乐

指导老师：刘宇坤

四川文化艺术学院

H2.《明灯长亮 警钟难鸣》

作者：侯思怡、卢亭羽、李相东、张倩、余子祺

指导老师：段君奕

西华大学

H3.《于成龙婉言拒谢礼》

作者：柴思琪

指导老师：王萍

成都理工大学

H4.《徽——清流有声》

作者：李嘉意、周欣怡、潘欣宇、陈翰林、黄品懿

指导老师：鄢怡婧

成都锦城学院

H5.《雄鸡一鸣天下白》

作者：汤紫馨、任灵

指导老师：赵思阳

成都理工大学

H6

H7

H8

H9

H10

H6.《青年·清廉》

作者：何思颖、胡渝希、倪莛翔

指导老师：谢洪波

成都理工大学

H7.《人生如棋》

作者：周晓晓、李湘、赵鑫雨、郑利霞

指导老师：杜可琦

内江师范学院

H8.《初心如炬》

作者：雷脂涵、黄银江、刘思琦、李虎

指导老师：罗跃妹

西昌学院

H9.《120秒》

作者：翁家益、徐小莎、付佳伟、严瑶、
雷士棋

四川师范大学

H10.《记·三下乡》

作者：杨涵、王嘉悦、吴小莉、杨茗茗、
唐诗漪

指导老师：刘昊、顾亚宁

四川大学锦江学院

动画

一等奖

I1.《廉洁·苏轼》

作者：邹巧越

指导老师：高登明

内江师范学院

"为政清廉，非义不取"的家风孕育了文化大家苏轼。作品将传统的剪纸艺术与苏轼的仕途生涯结合，讲述了苏轼一生中被贬历经的两个地方，虽仕途坎坷亦能不忘关心民生。苏轼的《赤壁赋》里有这样一句名言"天地之间，物各有主，苟非吾之所有，虽一毫而莫取。"这不仅是人文地理的点缀，更是苏东坡经世济民之心的缩影。

二等奖

I1.《一念之差》

作者：李滨汛、王董月

指导老师：费飞

西南科技大学

　　视频通过展现 X 处长因一念之差而走上贪污腐败的道路；如果时间流转，做不一样的选择，结局就会不一样。动画表达了反腐的主题，引人深思。

I2.《天下为公 大同之道》

作者：李童茵、孙珺羿、苏玥庆、
　　　姚敏明

指导老师：卢琳

四川大学锦江学院

　　动画短片通过展现三个不同年代的为官者在面临政务时的处理方式，树立起他们衷心为民谋、勤政廉洁、砥砺清节的形象。动画的三个小故事改编自战国时期屈原的变法、宋代苏轼的《谏买浙灯状》、当今为官者的拒礼。不论什么时代，为官者都应该坚守本心，以民为本。

三等奖

I1.《颂廉洁》

作者：刘茗聪、李金诚、李培

指导老师：杨磊

四川文化产业职业学院

I2.《蝗蝢之死》

作者：李静涛

指导老师：宋晓宁

成都理工大学

I3.《廉花》

作者：王羚艺、杨奕彤、王小宁、
　　　郑子俞

指导老师：毕君

西华大学

I4.《巴山皓月，蜀水清风》

作者：唐可文、刘佳佳、张秘达、
　　　闫瑞、陈骁阳

指导老师：朱举、俞舒楠

四川农业大学

一等奖

J1.《逆流而上的"他"——海瑞》

作者：彭彩虹、羊瑶礼濡、孙娇

指导老师：周芮冰

四川轻化工大学

通过 H5 动画呈现海瑞任职时期的小故事，让我们在故事中体会海瑞的公正、廉洁，引发对廉洁的思考。

二等奖

J1.《清"莲"》

作者：廖馨怡

指导老师：周芮冰

四川轻化工大学

　　本作品围绕历史人物周敦颐展开。周敦颐秉持着仁爱至公、清廉公正、勤政利民的为官之道，其一生如莲花般高洁。做人要如莲一样，无论是做百姓还是做官，"高洁"都是至高的人生境界。

J2.《廉洁清风拂江南》

作者：古清涟、周雨、舒奕琪

指导老师：廖冬莉、李人杰

四川艺术职业学院

　　"廉"的意思就是不索取，强调不要本来不属于自己的东西。

J3.《廉吏清官》

作者：冯苹、肖云珏

指导老师：罗敏

四川水利职业技术学院

　　作品主要介绍了古今的清廉官吏和干部，他们的主要事迹起到表率作用。作品中背景多为竹子。竹子是"四君子"之一，有正直坚韧的品质。同时作品中使用了围棋，围棋文化中人生如棋，黑白分明也表达了为人为官应该谨慎小心，不要涉及灰色区域，做一个清廉的人。

J4.《体验"第一廉吏"的非凡一生》

作者：龙雨露

指导老师：万祥虎

阿坝师范学院

　　作品以体验康熙眼里的第一廉吏，雍正口中的一代完人张鹏翮一生中的重要事迹为创作思路，选取了张鹏翮少年立志，淡泊明志，心系百姓，殚精竭虑，鞠躬尽瘁，死而后已的非凡人生中的几个重要事件，让人了解这样一个"廉吏"到底是怎样诞生的。

三等奖

J1.《廉洁》

作者：李舒欣、杨思蓉、
　　　杨淑伊

指导老师：李扬

成都锦城学院

J2.《廉洁小故事》

作者：方晓信、骨佳馨

指导老师：李扬

成都锦城学院

J3.《飞跃》

作者：陈洁莹、杜秋霖

指导老师：周芮冰

四川轻化工大学

J4.《灯映廉心》

作者：尹雪晴、阳宇婷、
　　　赵钰清

指导老师：陈涵

四川轻化工大学

J5.《廉风家传》

作者：苟小洪、曾小倩

电子科技大学成都学院

J6.《我来当市长》

作者：肖畅、杨婧

指导老师：李扬

成都锦城学院

J1

J2

J3

J4

J5

J6

K 音频

一等奖

K1.《何为革命》

作者：程雨凡、黄雯妍
指导老师：张尧、申志明
四川传媒学院

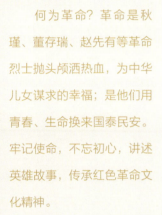

何为革命？革命是秋瑾、董存瑞、赵先有等革命烈士抛头颅洒热血，为中华儿女谋求的幸福；是他们用青春、生命换来国泰民安。牢记使命，不忘初心，讲述英雄故事，传承红色革命文化精神。

K2.《棋局》

作者：胡沐坤、王映心、黄逸如
指导老师：王博
四川师范大学

作品以下棋的过程为场景线索，辅以表现紧张氛围的音效，展现一家人下棋期间发生的事情，借下棋"落子无悔"表现廉洁文化的主题。

K3.《一次》

作者：温海容
指导老师：王屹飞
四川师范大学

该作品讲述从一次"帮忙"到一次贪杯再到一次受贿，看似很小的一件事却是拉拢腐蚀干部的一大步。法网恢恢疏而不漏，最后的脚镣声和枪声是用来警醒一些人，这就是初心不坚定、原则不坚定的后果。希望大家可以守住底线，坚定初心，坚定理想信念。

K4.《折纸飞机，续航空梦》

作者：肖凯月、洪源、文怡
指导老师：赵广远
成都理工大学

中国航空事业蓬勃发展，成飞航空主题教育基地入选科学精神专题实践教学基地，基地特聘的"许树全"爷爷，把航空梦折在纸飞机里，讲给后辈们听，廉洁守心，清风护航，在平凡的岗位成就不平凡的事业，用激情和热爱唤醒新一代航空梦。

K5.《廉政公益广告》

作者：孙翌骞、李欣璇、程少扬
指导老师：庞雯
四川传媒学院

K6.《反腐倡廉》

作者：周娟、黎艳君

指导老师：高成

四川航天职业技术学院

K7.《执政以廉为本，为官以勤为先》

作者：王文旭、严慧、石心宇

指导老师：陈志杰、徐伟

四川电影电视学院

　　著名学者王国维在《人间词话》中提出了人生的"三种境界"。换言之人生志向通常会经历理想确立、追求和实现这三个阶段。

K8.《他们总是说》

作者：刘菲菲、杨淑一、易璐旋

作者：关航、窦浩

西南石油大学

　　小时候，大人们总是会给小孩各种各样的小礼物，可是，什么礼物该收，什么又才算是自己的东西呢？

K9.《动物园狂飙记》

作者：徐佳欣、肖一龙

指导老师：米斯茹

四川师范大学

　　该作品以寓言故事为灵感，设定了一个象征着现实社会的动物园，将社会中存在的"苍蝇""老虎"等腐败现象通过拟人化的方式表现出来，通过二者的对话暗示它们有见不得人的勾当。同时塑造了一个铁面无私的动物园饲养员形象，及时制止了动物园内的腐败行为，营造出清廉的氛围，映射出反腐倡廉在社会上的成效。最后通过"打虎拍蝇零容忍 反腐倡廉两袖清"的宣传语进行升华，达到坚决抵制腐败行为、营造清廉的社会风气的目的。

二等奖

K1.《抵制医疗腐败，维护医疗公正》

作者：刘羿辰、程澍、段钰

指导老师：赵晰

成都理工大学

K2.《小红包？大腐败！》

作者：程澍、刘羿辰、庞砚宝

指导老师：赵晰

成都理工大学

K3.《可以？不可以！》

作者：陈千、冯良璞、苏恒漫

指导老师：王博

四川师范大学

K4.《廉洁之水》

作者：罗琳珑

指导老师：王博

四川师范大学

K5.《时代楷模——其美多吉》

作者：郑涵

指导老师：赵广远

成都理工大学

K6.《一滴水可以见太阳》

作者：文怡、肖凯月、洪源

指导老师：赵广远

成都理工大学

K7.《求取真经廉洁版》

作者：肖凯月、文怡、洪源

指导老师：赵广远

成都理工大学

K8.《如此"高升"》

作者：陈文博、李林峰、李静月

指导老师：张鸿飞

成都体育学院

K10.《何谓廉洁》

作者：张一诺、王海琳

指导老师：李涛

西华师范大学

K9.《白袍点墨，终不可湔》

作者：林姝环、伍怡

指导老师：王向军

成都锦城学院

K11.《狼人杀之谁是贪官》

作者：霍冰

指导老师：宋晓宁

成都理工大学

K12.《清廉文物博物馆》

作者：艾丽菲亚、薛梓萌

指导老师：李俊文

四川音乐学院

K13.《系好廉洁从政的第一颗扣子》

作者：梁盼、张瀚文

指导老师：关航、窦浩

西南石油大学

K14.《廉洁说》

作者：代江兰

指导老师：朱洁

西南交通大学

K15.《廉洁故事 于谦入京》

作者：李林峰、陈文博、李静月

指导老师：张鸿飞

成都体育学院

K16.《巴蜀清风 廉洁四川》

作者：黄琦、张子健、王菁菁

指导老师：赵广远

成都理工大学

K17.《身躬田亩，一生廉洁》

作者：郭若雨、文晴、马政宇

指导老师：陈志杰、徐伟

四川电影电视学院

K18.《家风家训－三苏祠》

作者：马意龙、陈晓露、庞琦凡

指导老师：赵广远

成都理工大学

K19.《廉洁小课堂》

作者：胡沐坤、王映心、陆天翔

指导老师：王博

四川师范大学

K20.《家道颖颖，风以传之》

作者：但梦瑶

指导老师：王向军

成都锦城学院

K21.《一身正气李清照》

作者：张佳源

指导老师：王博

四川师范大学

K22.《心中有戒尺，行动有准则》

作者：王璐

指导老师：李俊文

四川音乐学院

K23.《心意害人》

作者：杨淑一、王俊龙、刘雨婷

指导老师：窦浩、关航

西南石油大学

K24.《修己以安人》

作者：张砾丹

指导老师：窦浩、关航

西南石油大学

K25.《雷雨行，劝伞停》

作者：赵冰妍、王晔、贺元晨

指导老师：孙宁丰

西南财经大学

K26.《贪污者的独白》

作者：沈琳琳、李璇

指导老师：王博

四川师范大学

K27.《廉洁家风，薪火相传》

作者：姜孟欣、方晓倩、杜祎玲

指导老师：李俊文

四川音乐学院

K28.《谁呀》

作者：陶德煜、张瀚文、李一明

指导老师：窦浩、关航

西南石油大学

K29.《永葆初心，切勿大话廉洁》

作者：张仕尧、刘羿辰、段钰

指导老师：苗艳

成都理工大学

K30.《不是所有甜头都是糖》

作者：闫可桢

四川传媒学院

K31.《彝海结盟》

作者：张雯雯

指导老师：赵广远

成都理工大学

三等奖

K1.《廉政主题公益广告》
作者：李欣璇、程少扬、
　　　孙翌骞
指导老师：庞雯
四川传媒学院

K2.《"记"好廉洁扣》
作者：康家豪、孔琰
指导老师：王韦皓
西南石油大学

K3.《选择》
作者：马凌宇
指导老师：王博
四川师范大学

K4.《不敢腐 不能腐 不想腐》
作者：展浤极
指导老师：张鸿飞
成都体育学院

K5.《自己人》
作者：庞砚宝、谭泽正、
　　　陈熙昊
指导老师：赵晰
成都理工大学

K6.《廉洁中国》
作者：黄逸如、王映心、
　　　胡沐坤
指导老师：刘素
四川师范大学

K7.《廉洁答卷》
作者：刘培溪、张佳乐、
　　　李旭杰
四川农业大学

K8.《致富花－四川》
作者：张雯雯、王嘉琪、
　　　魏琳静
指导老师：赵广远
成都理工大学

K9.《记得！》
作者：文晴、靳雪傲、王宇凡
指导老师：陈志杰、徐伟
四川电影电视学院

K10.《长征－四川》
作者：马意龙、庞琦凡
指导老师：赵广远
成都理工大学

K11.《星星之火、廉洁中国》

作者：胡沐坤、王映心、

陆天翔

指导老师：刘素

四川师范大学

K12.《方圆世界、棋定人生》

作者：段钰、张仕尧、刘羿辰

指导老师：赵晰

成都理工大学

K13.《步步生廉 行稳致远》

作者：张紫涵、陶德煋、

张瀚文

指导老师：窦浩、关航

西南石油大学

K14.《文言思廉政、治本化清心》

作者：李铭轩、樊宇鑫

指导老师：秦敏

西南石油大学

K15.《打虎拍蝇绝不手软》

作者：程少扬、刘哲宁

指导老师：张尧

四川传媒学院

K16.《廉洁家风传百年（曾国藩）》

作者：易桂香、陈传骏、

范雯欣

西华师范大学

K17.《马背上的初心》

作者：黄琦、王菁菁、张子健

指导老师：赵广远

成都理工大学

K18.《茶风廉韵》

作者：易璐旋、高华卿、

杨淑一

指导老师：关航、窦浩

西南石油大学

K19.《追随你的脚步》

作者：王坤、连彬杰

指导老师：李俊文、殷若涵

四川音乐学院

K20.《清廉是什么》

作者：蒋香格

指导老师：孙昊璟

四川传媒学院

K21.《拿着吧》

作者：张馨琳、张宗耀、
　　　王雅婷

指导老师：费飞、付靖芸

西南科技大学

K22.《欲壑难填》

作者：邱与其、郝弈、户岩

指导老师：窦浩、关航

西南石油大学

K23.《戏韵廉洁》

作者：陆天翔、窦紫倩、
　　　胡沐坤

指导老师：王博

四川师范大学

K24.《扎根"花"才香》

作者：黄琦、张子健、
　　　王菁菁

指导老师：赵广远

成都理工大学

K25.《践行忠诚之路》

作者：黄琦、张子健、王菁菁

指导老师：赵广远

成都理工大学

K26.《重生》

作者：闫艺蕊、毛艺杰

指导老师：窦浩、关航

西南石油大学

**K27.《李宏塔——让廉洁成
为习惯》**

作者：马小雯、代思瑾、
　　　王苡文

指导老师：徐燊

四川传媒学院

**K28.《别让"贪念"毁了"童
年"》**

作者：李美琦、权瑞妮、
　　　高思宇

指导老师：饶广祥

四川大学

K29.《茉莉花》

作者：陈欣兰、郭柯辛

指导老师：赵培森

四川音乐学院

K30.《"廉洁文化"主题的讲述》

作者：何丽群

指导老师：朱洁

西南交通大学

K31.《家风如雨》

作者：田佳昕、孙静涵、李昊泽

指导老师：关航、窦浩

西南石油大学

K32.《黑猫反贪队》

作者：贺元晨、赵冰妍、王晔

指导老师：孙宁丰

西南财经大学

K33.《清廉、从心！》

作者：尹锐乙、文娴婷

指导老师：米斯茹、王博

四川师范大学

K34.《他们》

作者：王坤、连彬杰

指导老师：李俊文、王雪玉洁

四川音乐学院

K35.《谈廉》

作者：万诚骁、汪嘉、于士超

指导老师：王炜

西南石油大学

K36.《清廉故事》

作者：欧阳思敏、刘庆玲

指导老师：王向军

成都锦城学院

K37.《雪线初心》

作者：黄琦、张子健、王菁菁

指导老师：赵广远

成都理工大学

K38.《其美多吉》

作者：张雯雯

成都理工大学

K39.《我是人民官》

作者：李金禹、陈烁

指导老师：李俊文、殷若涵

四川音乐学院

K40.《别让礼物遮住心路》

作者：易璐旋、高华卿、刘菲菲

指导老师：关航、窦浩

西南石油大学

K41.《**长征精神永流传**》

作者：何佳玺

四川师范大学

K42.《**贪污腐败往往是从一件"小事"开始**》

作者：黄欣雨、刘欢、刘佳鑫

指导老师：王向军

成都锦城学院

K43.《**以手为眼**》

作者：于斐

西南石油大学

K44.《**廉正家风**》

作者：周雨迪、耿璐、梁欣玥

指导老师：李俊文

四川音乐学院

K45.《**革命的颜色**》

作者：谢铃叶

指导老师：朱洁

西南交通大学

K46.《**英魂永存**》

作者：林雨琪、向盈盈、洪源

指导老师：秦佩璐

成都理工大学

K47.《**传承**》

作者：向盈盈、林雨琪、洪源

指导老师：赵广远

成都理工大学

K48.《**我们想说**》

作者：叶婉婷、张文馨、周媛媛

指导老师：王向军

成都锦城学院

K49.《**家风**》

作者：桂宾悦、朱志伟、庞砚宝

指导老师：赵晰

成都理工大学

K50.《**一亿元可以做什么**》

作者：张玉颖

指导老师：李欣芮

四川传媒学院

K51.《**一生之洁**》

作者：黄琦、张子健、王菁菁

指导老师：赵广远

成都理工大学

K52.《**"十年"好酒**》

作者：尹悦、张瀚文、王景慷

指导老师：关航、窦浩

西南石油大学

K53.《各怀其宝》

作者：郝弈

指导老师：窦浩、关航

西南石油大学

K54.《于谦拒礼 两袖清风》

作者：阎栋城

指导老师：秦敏

西南石油大学

K55.《青衿之志 履践清风》

作者：魏铅、李承运

指导老师：秦佩璐

成都理工大学

K56.《爷爷的廉洁》

作者：曹文雯、韩明珠、
　　　蔡姚华

指导老师：李涛

西华师范大学

K57.《反"炸"》

作者：周昕苒、李慧敏、
　　　聂心怡

指导老师：王向军

成都锦城学院

K58.《廉洁家风引领清朗时代
新风》

作者：胡渝希、李思茹

指导老师：吕南

成都理工大学

K59.《要"莲"也要"廉"》

作者：金云鹏、张国鑫

指导老师：王博

四川师范大学

K60.《典籍里的廉洁》

作者：杨中山

指导老师：王向军

成都锦城学院

K61.《家风》

作者：王湘渊

指导老师：窦浩

西南石油大学

K62.《初心不改、廉政为民》

作者：杨淑一、易璐旋、
　　　刘菲菲

指导老师：关航、窦浩

西南石油大学

K63.《让穷山坳开出致富花》

作者：文怡、肖凯月、洪源

指导老师·赵广远

成都理工大学

大口吃汉堡

510，我要廉明灯"鸣"心，"廉"养
为引，以"廉"为题。

倡导廉洁，抵制腐败不是口号，而是
共同遵循的重要准则，只要人人心中
线，贪污腐败的恶行才能无处遁形
"廉"香四溢，洁浊扬清。

委常委詹
必须确凿充分
"这是她在
詹洁，用实

分钟前

19:16

太坪往事

公里去，有一座

小山

至七品休，官自七品修。
草鞋县令，离微不二。
川腔川音展廉韵！

都睡不不起。而家山那肖充最
就是太坪村2队，那是一个在
烧火照耀众人的地方。

且没有通村硬化路
驻民只十余户人家，
老年的阿公阿婆，说

价钱铺路。有土地，但是土地大
比较平整的都是碎片化分布在
模机械化从而提高劳动效率根本就
劳动力不足，种植相关的知识水
也不够，太坪村也只是各家种些各家自己吃的
及鸡公鸡婆吃的苞谷了，产出上不得台面。如
太坪村自然不会得到小镇政府的重视，通村
然也不在小镇政府考虑范畴以内。

《积小流 明家风 肃吏治 成江海》

本策划案注重调查分析，包括以 SWOT

WENBENLEI

文本类

策划

一等奖

L1.《我爱廉》

作者：郑春雪、陈丽颖、姚洋、
　　　刘昱竺、陈虹轩

指导老师：朱举

四川农业大学

我爱廉，我要廉。廉忆初心，回忆初心，以人为鉴；廉以明镜，深入基层，以史为镜；廉映蜀地，荟萃成果，映照蜀地。

创作大纲：本策划活动通过三个阶段的设计，以当代青年熟悉和喜爱的方式让廉洁文化更深入人心。

第一阶段宣传采取"廉洁四川全媒体建设＋四川碎片打卡活动＋廉洁文化作品征集＋微博话题营销"的方式；

第二阶段采取"校园党课建设＋基层工作建设＋社会群众建设＋微博话题营销"的方式面向学生、基层、群众，在宣传的基础上促进廉洁文化的社会化、大众化、自主化，推动廉洁文化建设的破圈，春风化雨，润物无声；

第三阶段则通过文创产品、展览布置等将活动落地。

▶

推出趣味、亲民的家风家教活动，联动小学生及其家庭、大学生、正能量公众人物，创造贴合群众生活的廉洁文化宣传方式，让清风吹进百姓家。

创作大纲：本策划采用"廉洁家风小课堂 + 互动环节"的方式，在增强家庭亲子关系的同时，培养孩子的廉洁意识，也提高他们的道德素质和社会责任感。

活动分为两个主要部分：廉洁家风小课堂和互动环节。廉洁家风小课堂通过动画片、故事、志愿者表演等形式，向孩子们传授廉洁文化的理念和价值观。互动环节则通过寻廉游戏、缸与滴墨、共绘廉莲、予母良"扇"等有趣的互动形式，让孩子们和家长一起参与其中，深入感受廉洁文化的魅力。

活动的宣传方案包括前期、中期和后期三个阶段。前期通过微博、抖音、小红书等平台进行图文、短视频宣传，邀请成都本土大Ⅴ正向博主进行推广，并在四川各地小学、社区进行线下宣传。中期加入多机位抖音、快手直播，记录高光片段并实时宣发。后期将现场拍摄的视频和图片整合发布。

小手牵大手，廉洁之路一起走
亲子廉洁活动策划案

L2.《亲子廉洁活动策划方案》

作者：罗一茵、王静雯、孙迎绮、
　　　张裕乾、江昱雯
指导老师：黎芮池
四川传媒学院

二等奖

L1.《坦然以面》

作者：李星月、钱佳怡、周芳妍、
　　　 胡茜茜、李美琦

指导老师：杨效宏

四川大学

以"相由心生"思想为起点，结合"川剧脸谱"这一四川地方特色文化，阐述"廉洁四川"的内涵，紧紧围绕该点提出"人生千面，坦然一面"的核心概念主张。媒介方面，围绕"抖音"开展活动策划，为受众带来一场"清风拂面"之旅，思考廉洁与坦然的关系：坦然面对人生路，风雨不惧。

创作大纲：策划主要探讨了"相由心生，廉洁同行"的概念主张，以及如何通过创意展示、营销策划、媒介提案和预算、市场分析和附录等环节来推广廉洁文化。

一、概念主张

相由心生是指人的内心想法会影响其外在表现，攻于心计、心胸狭隘的人，其相貌往往猥琐、目光飘移；而内心坚守着赤子之心、坦荡和廉洁的人，"外相"也一定很好、很美。

二、创意展示

1.核心脸谱展示：该形象为戏剧中的旦角，整体风格偏传统，但又有现代元素，舒展的五官体现内心的坦然，额头中心的莲花象征着"廉洁"。

2.抖音美妆大赛·美颜特效（妆效展示）：根据核心脸谱的风格和特征，设计一款清雅、别致的"廉洁"美颜特效妆容，加入"510·我要廉"的廉洁口号，助力美妆大赛裂变式传播。

3.抖音小游戏·合成大莲谱：根据脸谱的大小和颜色等因素设置了六个等级的面具，其中五个的基本型为赛博脸谱，最终的大莲谱为我们的核心脸谱，既有年轻、反叛风格的脸谱，又有传统、优雅的坦然"一面"，赋予了游戏的趣味性和主题的内涵。

4.线下渠道－海报投放：招贴海报1采用左右两个面具对称摆放的方式，颇有趣味；招贴海报2采用魔方形象来表达"千面"概念，传达"千面取一面"的思想。

5.文创周边展示：通过设计廉洁主题的文创周边产品，如T恤、背包等，来展示廉洁文化的内涵和形象。

三、营销策划

1.目标受众：以年轻群体为主，注重创新多样、互动性强的廉洁文化宣传。

2.营销策略：通过抖音平台进行美妆大赛和游戏互动，吸引更多人关注和参与廉洁文化建设；同时在线下渠道进行海报投放和文创周边销售，加强品牌形象塑造和宣传效果。

总之，"相由心生，廉洁同行"是一个具有创意性和可行性的概念主张，通过多种形式的创意展示和营销策划，能够有效地推广廉洁文化，促进人们形成良好的内心品质和外在形象。

L2.《积小流明家风，肃吏治成江海》

作者：辛李婧雯、许璐萱、张秦玮

指导老师：夏海星

四川大学锦江学院

聚焦年轻群体，采用"哪吒"这一动漫形象，以及《狂飙》电视剧中的明星效应，吸引大量的受众关注，利用互联网以及 AR 等高新技术激发年轻群体受众的参与，起到一定宣传作用的同时，产生社会效益。

创作大纲：本策划案注重调查分析，以 SWOT 分析方法来做背景调查，以问卷调查的方式来做现状调查。

策划整体起到基础宣传作用，最后也通过推广复盘，吸引更多优质人才参与到实际的反腐倡廉工作当中。

L3.《"廉"动校园》

作者：廖玉琴、陈晨、吴文滔、陈林、
　　　廖建乔

指导老师：高成

四川航天职业技术学院

以学校为主体，促使广大师生树立"崇廉憎腐"的价值观念，形成良好的廉洁自律氛围。

创作大纲：廉政文化进校园活动旨在通过多种形式的教育方式，使广大师生更加深入地了解廉政的意义和重要性。这些教育方式包括课堂教学、校园文化活动、社会实践等。通过这些方式，廉政文化得以渗透到师生的日常生活中，帮助他们树立正确的价值观和道德观。

在廉政文化进校园活动中，第一，要注重与师德师风相结合。第二，要与校园文化建设相结合。第三，要与课堂教学相结合。第四，要与党风廉政工作相结合，建立完善廉洁制度。第五，要与家庭、社区相结合，把廉政文化建设要求渗透到家庭生活和社区活动的环节中。

针对策划对象，廉政文化进校园活动包括以下内容："校园清风使者"评选、廉洁知识进校园、廉风教育月、文艺表演以及相关讲座和研讨会等。这些活动旨在通过多种形式的教育方式，使广大师生更加深入地了解廉政的意义和重要性。

三等奖

L1.《厚植清廉文化、筑牢清风正气》

作者：代丽、钟磊、苏冉鹏、金聪聪、
　　　尹宸浩

指导老师：胡洁

成都体育学院

L2.《人生如棋策划案》

作者：郑利霞、李湘、赵鑫雨、
　　　周晓晓

指导老师：杜可琦

内江师范学院

L3.《廉洁文化活动宣传策划案》

作者：汤武创、赵潞郁

指导老师：李扬

成都锦城学院

▶

微博与朋友圈

一等奖

M1.《周雅慧》

作者：周雅慧

指导老师：李扬

成都锦城学院

M2.《"510"我要廉》

作者：李霞、彭科鑫

指导老师：李扬

成都锦城学院

M1

大口吃汉堡
510，我要廉明灯"鸣"心，"廉"系你我，以"灯"为引，以"廉"为题。
倡导廉洁，抵制腐败不是口号，而是全体人民应该共同遵循的重要准则，只要人人心中都绷紧这根红线，贪污腐败的恶行才能无处遁形。
"廉"香四溢，洁浊扬清。

19:16

雷老师
既然你们都廉了，那我也要廉！

1分钟前

陈老师
510 跟着小李老师学廉洁!!你们廉 我也要跟着廉！

5分钟前

彭老师
既然你廉了，那我也要！！

5分钟前

李老师
"510"我要廉！

7分钟前

M2

详情

 开心小熊

锦江书院楹联：

有补于天地曰功，有益于教曰名，有精神之谓富，有廉耻之谓贵；不涉鄙陋斯为文，不入暧昧斯为章，溯乎始之谓道，信乎己之谓德。

意为：对社会有所裨益可称为功，能促进人文教化可称为名，充满精力和活力可称为富，廉洁而知道羞耻可称为贵；无庸俗浅薄举止可称为文，无不清不楚行为可称为章，探究事物的根源可称为道，为人诚实而守信可称为德。这条楹联中诠释了对"财富"与"权贵"的注解，展现了对受教育学子的廉洁期盼。

1分钟前

M1

Nov_Lovep.

从小家里人就一直告诉我，"廉洁"是指做人要像"莲"一样洁白，正如孟浩然所说："看取莲花净，应知不染心"，人们看见莲花有出污泥而不染的洁净之态，于是内心开始变得纯净和清静，由此秉持对于信仰的虔诚之心。"清正廉洁，心向未来"是我在成长的漫漫征途中领悟出来的。廉洁自律心无病，求真务实业有成，在人生的每一个阶段脚踏实地、勿贪勿恋、以清为尊、以廉为贵，才能更好地走向未来，这也是我们每个青少年应该牢记和遵守的廉洁文化。

收起

1分钟前 删除

M2

二等奖

M1.《廉的传承》

作者：黄琦

指导老师：赵广远

成都理工大学

M2.《清正廉洁、心向未来》

作者：刘思言

指导老师：霍岩

成都锦城学院

M3.《廉则昌》

作者：舒婷、苏娜

指导老师：高成

四川航天职业技术学院

U

廉洁：不受曰廉，不污曰洁。也就是说不接受他人馈赠的钱财礼物，不让自己清白的人品受到玷污，就是廉洁。历史证明：清正廉洁盛行之日，则国家昌盛。清正在德，廉洁在志。每一个公民都应该秉承廉洁自律，秉公办事，不徇私情，不谋私利，清白做人的社会准则。

收起

M3

M4.《铮铮铁骨铸忠魂》

作者：黄琦

指导老师：赵广远

成都理工大学

M5.《廉洁》

作者：赵洪林

指导老师：高成

四川航天职业技术学院

M6.《不败不染，清气长存》

作者：舒婷、苏娜

指导老师：高成

四川航天职业技术学院

M7.《廉明公正》

作者：苏娜、舒婷

指导老师：高成

四川航天职业技术学院

开心小熊

铮铮铁骨铸忠魂：

　　铁娘子、活字典、排头兵。

　　她，就是四川省纪检监察系统先进个人、宜宾市纪委常委詹洁。"实事求是，依法依规，证据必须确凿充分，'要把每一个案子都办成铁案'。"这是她在工作中的坚定。

　　詹洁，用实际行动展现了廉洁的真正意义。

1分钟前

M4

Kobe Bryant

廉洁从教,铸就高尚师魂

古人云:"不受曰廉,不污曰洁。"廉洁是为人处世的根本,是中国传统道德的基本规范。教师作为人类文明的传播者,作为言传身教的表率者,更应当为真为善为美,以清白做人,以廉洁立世,铸就高尚师魂。

1分钟前

M5

U

巍巍中华，浩浩长歌，古往今来，清者，以清明之心，廉洁之行，屏污浊之暗，耀清朗之世，邈矣悠哉!贪者，因贪婪之心，忿类无期，堂皇凋零，喧腾朽败，呜呼，惜哉!尘滓蠲尽而光生其间，呛雾消释而日月长明，唯有不败不染，方能使清气长存。

纤尘不染，清气长存;心如莒，廉则千秋。

收起

M6

M7

M8.《清～廉》

作者：黎中伟

指导老师：李扬

成都锦城学院

M9.《坚守初心》

作者：舒婷、苏娜

指导老师：高成

四川航天职业技术学院

M10.《廉洁文化"泰裤辣"》

作者：邓文婷、陈淑杰

指导老师：李扬

成都锦城学院

M11.《廉洁从政》

作者：苏娜、舒婷

指导老师：高成

四川航天职业技术学院

M12.《草鞋县令、离微不二》

作者：乔虹博

西南民族大学

M8

M9

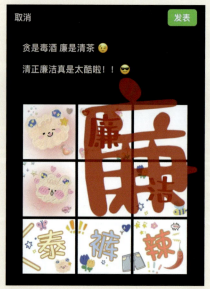

M10

M11

M12

三等奖

M1.《初心》

作者：张杨婷

指导老师：刘文

成都文理学院

M2.《社会风气》

作者：陈子含

指导老师：高成

四川航天职业技术学院

M3.《廉洁》

作者：杨成俊

指导老师：高成

四川航天职业技术学院

M4.《廉洁》

作者：赵洪林

指导老师：高成

四川航天职业技术学院

M5.《以廉为本》

作者：王炜琪

指导老师：李扬

成都锦城学院

M6.《贿赂》

作者：马成

指导老师：高成

四川航天职业技术学院

M1

M2

M3

M4

M6

M5

  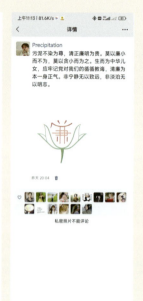

M7/M8/M9

M7.《我想要被清风吹拂的一生》

作者：权瑞妮

四川大学

M8.《朋友圈》

作者：周得岳

四川航天职业技术学院

M9.《廉利己》

作者：李欣芸

指导老师：高成

四川航天职业技术学院

M10.《平衡》

作者：张瑶

指导老师：高成

四川航天职业技术学院

M11.《贪婪的鱼》

作者：权瑞妮

四川大学

M12.《廉政自勉》

作者：张春飞

指导老师：高成

四川航天职业技术学院

M10/M11/M12

M13

M14/M15

M13.《廉文化》

作者：梁雯婧

指导老师：高成

四川航天职业技术学院

M14.《廉洁奉公，勤廉尽责》

作者：陈子含

指导老师：高成

四川航天职业技术学院

M15.《发扬廉洁文化，共筑美好家园》

作者：陈子含

指导老师：高成

四川航天职业技术学院

M16.《清廉文化》

作者：罗思仪

指导老师：高成

四川航天职业技术学院

M17.《廉之大》

作者：胡情钞

指导老师：高成

四川航天职业技术学院

M18.《爱廉》

作者：唐婷、李静

指导老师：高成

四川航天职业技术学院

M16/M17/M18

M19

M20

M21

M22

M23

M24

M19.《"廉洁文化"一直都在》

作者：任玺颖

指导老师：李林蓉

四川文化产业职业学院

M20.《廉洁不止廉洁》

作者：王思颖

指导老师：李扬

成都锦城学院

M21.《光盘行动与廉洁自律》

作者：刘香君

指导老师：李扬

成都锦城学院

M22.《打虎》

作者：郭钰佳

指导老师：米斯茹

四川师范大学

M23.《廉洁家风传承》

作者：罗文健

指导老师：李涛

西华师范大学

M24.《廉洁故事会》

作者：冯镇

指导老师：陈洪亮

内江师范学院

M25

M26

M27

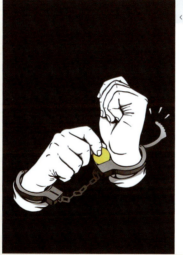

M28

M29

M25.《学廉洁文化，做清正青年》

作者：尹琪、曾雨婷

四川大学

M26.《对对廉》

作者：冯镇

指导老师：陈洪亮

内江师范学院

M27.《廉正华明》

作者：唐洪

指导老师：高成

四川航天职业技术学院

M28.《廉洁的力量：保卫我们的社会》

作者：杨东来、王旌

指导老师：周怡

四川大学

M29.《廉心》

作者：苟秋梅

指导老师：高成

四川航天职业技术学院

微小说、微剧本

一等奖

N1.《太坪往事》

作者：马梦杰

指导老师：刘文

成都文理学院

太坪村2队，位于峨眉山南、象山背光最阴湿的山谷沟壑里头，那里没有通村硬化路，常驻民只有十余户人家、几十口人；有土地，但是都在山坡上、沟壑间，产出有限。如此太坪村，修路重任偏偏落在新当选的、死脑筋的生产队长马德永身上。没有修路预算，马德永出工出力，还组织大伙儿筹款，把该得罪的人得罪个遍。前队长偷租村里林地捞油水，举报信脏水却泼向马德永。再加上连天大雨冲垮新路，这个如山的汉子终于忍不住在家人面前崩溃痛哭。然而，哭归哭，哭过之后，马德永还是洗了个热水澡，换了身干净衣服，再次出门为修路的事奔波去了。家乡的路修好了，马德永没再当队长。但修路过程中，马德永"中通外直、不蔓不枝"的行为和品格，却成了最好的家风注脚，在儿子心中扎下了根。

N2.《买糖》

作者：杨佳昊

指导老师：谢荣萍、刘文

成都文理学院

五月燥热的乡城古镇，一个小男孩正在写作，题目是《我的外公》。入夜渐凉，小男孩终于可以走上街道，与同伴玩闹嬉戏。同伴分享的香香甜甜的薄荷糖丸，让小男孩难忘。与同伴分别后，见到来接自己的爷爷，小男孩抵挡不住诱惑，又央求爷爷买糖。爷爷花了五角钱，买了一袋薄荷糖，温柔地满足了小男孩的愿望。小男孩又提出再要三袋，爷爷却无奈又坚定地拒绝了。小男孩又哭又闹，引来路人打趣。当了四十二年老会计、一生清俭廉正的爷爷却不肯妥协。原因，不是心疼那一点钱，而是不愿意丢了村里多少辈传下来的"好东西"。

爷爷去了。当日的小男孩也慢慢长大成为少年。又是一个同样的夏夜，再次来到当时买糖的小店门口，少年记起了当日：有位严慈的老人在清幽的月夜背着小男孩回家，说了很多他还不懂的话。第二天，小男孩离开时，发现包里多了两元钱。这两元钱，后来便一直躺在小男孩的存钱罐子里，再也没有用掉。

扫码看全文

扫码看全文

N3.《阆州陈氏家风》

作者：郭莹、秦月月

指导老师：杨海波

南充文化旅游职业学院

北宋年间，阆州陈氏颇负盛名，一门四进士。陈省华夫妇家训严谨，教子有方，夫妇二人共育三子，乃陈尧叟、陈尧佐、陈尧咨。三子相继中进士，其中尧叟、尧咨考中状元，兄弟一文一武，而尧佐官至宰相，号称"杰三家"。

本文以情景剧目形式，围绕陈尧咨成长为官的重要节点和经历来展现阆州陈氏家风。包括陈尧叟、陈尧佐、陈尧咨三兄弟年少在漱玉洞居住时，因到邻居鸡舍偷拔鸡毛做弓箭，被邻居抓现行上门告状。在陈母悉心教导下，兄弟三人最终认识到了错误，开始刻苦读书、走上正途。陈尧咨配受官封回到家乡，陈父以棋为喻，提醒陈尧咨在朝为官莫失本心。后陈尧咨喜与众宴饮，在众人夸赞中展示箭法，渐渐荒于政务。陈母听闻街头议论，用拐杖对陈尧咨敲打责罚，促其造福百姓、建功立业。在家族良好而严格的教育影响下，陈尧咨一生勤俭节约，抵御各种不良欲望的腐蚀。他终生好学，能义能武，敢作敢为，成为一名能干爱民的好官。

N4.《一出好戏》

作者：蔡嘉骏、王柚沣

指导老师：路秦镔

四川文化艺术学院

得知村里的房子马上要拆迁，商人陈宇托关系找到了拆迁办的宋主任。知道宋主任喜欢以文化人自居，热爱古玩收藏和戏曲，精于人情世故的陈宇特意包下了整个戏院宴请宋主任，"讨教"其拆迁招标的政策。宋主任应邀而来。一出好戏，在戏台上下同时开演。戏台上唱着《下陈州》，张桂英父女为生存而哭诉；戏台下，唯利是图的商人和表面正气凛然的官员从你来我往、相互试探到心照不宣。戏台上唱得热闹，戏台下笑声更甚。笑着笑着，官员竟成曲中人，在戏台朝堂上被黑面包拯当场拿下，头上拔掉"乌纱盏"，身上再拔"滚龙衫"，眼看将要"铡口按"，惊得官员一身冷汗……

虎头铡终会落下，好戏也终将散场。留给官员的，只剩铁窗内无穷无尽的悔恨……

扫码看全文

扫码看全文

N5.《梦》

作者：丁玥文、周芳妍

指导老师：饶广祥

四川大学

一名职员为了升职，准备去给领导送礼。送礼前，他却不小心趴在桌子上睡着了。在梦中，他顺利送礼，顺利升职。通过这种贿赂送礼的方式，职员一步步升职，最后坐上总经理的位置。身居高位后，原来的送礼人，变成了收礼方，从此一发不可收拾。美梦中醒来，职员才发现自己已经进了监狱，再也不能回头。就在他绝望之时，职员从梦中梦里彻底清醒，发现原来自己还在第一次准备送礼的那个中午。

"梦里尚能改，人生难回头。"经历了梦中梦的大起大落人生，职员毅然决然地放弃了行贿的念头，终于终止了这个不能停下的噩梦。这警示我们，人生不是梦境，行贿一旦开始就再难回头，开弓难有回头箭，切勿动邪念，应当从思想上严格要求自己，清白做事，坦荡做人！

二等奖

N1.《爱"莲"说——"廉洁文化"微小说》

作者：廖晨

指导老师：李涛

西华师范大学

扫码看全文

扫码看全文

N2.《"折戟"的考验》

作者：孙亿湫

指导老师：朱洁

西南交通大学

扫码看全文

N3.《宿川》

作者：彭薇、王春燕

指导老师：李扬

成都锦城学院

扫码看全文

N4.《苹果树下》

作者：李少洋

指导老师：刘迅

成都理工大学

扫码看全文

N5.《廉清》

作者：周江平、王春民

指导老师：高成

四川航天职业技术学院

扫码看全文

N6.《重启 038251》

作者：贾岚

指导老师：刘谧潇

成都艺术职业大学

扫码看全文

N7.《悬鹅示众》

作者：龚文悦

指导老师：刘文

成都文理学院

扫码看全文

N8.《无礼》

作者：高朱瑾

指导老师：朱洁

西南交通大学

扫码看全文

N9.《左光禄大夫》

作者：越子源

四川传媒学院

扫码看全文

N10.《高原曼巴》

作者：贾璐绮

指导老师：朱洁

西南交通大学

扫码看全文

N11.《医者廉心》

作者：王迪

指导老师：郑伟、李扬

成都锦城学院

扫码看全文

N12.《困笼开了》

作者：杨双榕

指导老师：刘文、谢荣萍

成都文理学院

扫码看全文

N13.《影子》

作者：冯雪阳、鲁秋伶

四川大学

扫码看全文

N14.《笔写坚守》

作者：倪妍静、王媛媛

指导老师：王愚

绵阳师范学院

扫码看全文

N15.《遗忘的初心》

作者：吕粤琳

指导老师：谢荣萍

成都文理学院

扫码看全文

三等奖

N1.《为民请命》

作者：王娇娇

指导老师：谢荣萍

成都文理学院

扫码看全文

N2.《"童"心守廉》

作者：彭丽

四川大学

扫码看全文

N3.《两种茶》

作者：黄茗妍

指导老师：费飞

西南科技大学

扫码看全文

N4.《爱廉说》

作者：李嘉鹏、李郅玙

指导老师：许嫱

成都理工大学

扫码看全文

N5.《家书》

作者：徐佳俊

指导老师：朱洁

西南交通大学

扫码看全文

N6.《公正》

作者：江梅林

四川大学

扫码看全文

N7.《兰城郊村》

作者：胡景源

西华大学

扫码看全文

N8.《清风拂山岗》

作者：王璐、赵宣博

指导老师：王飞

西华师范大学

扫码看全文

N9.《吴应浩》

作者：都钰

指导老师：谢荣萍

成都文理学院

扫码看全文

N10.《清廉之心，"语"你同行》

作者：唐倩、李佳凯

指导老师：李涛

西华师范大学

扫码看全文

N11.《清风归处，是吾心》

作者：周玉馨

西华大学

扫码看全文

N12.《新河风云》

作者：祁鑫渊、胡悦华

指导老师：顾亚宁

四川大学锦江学院

扫码看全文

N13.《白桦树》

作者：雷瑶、黄丽

指导老师：谢荣萍

成都文理学院

扫码看全文

N14.《那块手表》

作者：张珂

指导老师：王诗旖

四川大学锦江学院

扫码看全文

N15.《家常菜》

作者：仰余芝敏

指导老师：朱洁

西南交通大学

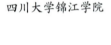

扫码看全文

N16.《桃村》

作者：袁婕、赖羽佳

指导老师：陈艳

西南交通大学希望学院

扫码看全文

N17.《追寻》

作者：罗睿

指导老师：梁虹

成都理工大学

扫码看全文

N18.《五四来信》

作者：雷柯双子、汪鑫群

指导老师：刘林沙

成都体育学院

扫码看全文

N19.《竹埙》

作者：赵莹

指导老师：刘文

成都文理学院

扫码看全文

N20.《乡葬》

作者：任佳一

指导老师：谢荣萍

成都文理学院

扫码看全文

N21.《浩气丹心，高悬明镜》

作者：张璐瑶

指导老师：吴卓

四川大学

扫码看全文

N22.《一粒米》

作者：邓懿

指导老师：付娆

西华大学

扫码看全文

N23.《虫子与蝴蝶》

作者：周江林

指导老师：管博闻

四川传媒学院

扫码看全文

N24.《枪打出头鸟剧本》

作者：尤艺杰、王雅颖

四川旅游学院

扫码看全文

N25.《杏林春满》

作者：黄小倩

指导老师：谢荣萍、刘文

成都文理学院

扫码看全文

N26.《小满与大山》

作者：胥佳馨

指导老师：李扬

成都锦城学院

扫码看全文

创意文案

一等奖

01. 蜀地阳光光照公权，四面清川川汇四川

作者：任茜

四川大学

02. 川腔川调展廉韵、清音清曲扬清风

作者：乔虹博

西南民族大学

03. 两袖清风，水自清源自洁；刚正不阿，形自端影自直

作者：文宇航、黄徐然

指导老师：李扬

成都锦城学院

04. 唯德、唯廉、唯实，一身正气；心正、身正、行正，两袖清风

作者：马瑞雯

四川大学

05. 位卑明洁以仆公，权重清廉以济民

作者：蒋铭

指导老师：李扬

成都锦城学院

06. "廉廉"好运，"洁洁"高升。

作者：柏佳燚

指导老师：李涛

西华师范大学

07. 心向洁，正自身！作为廉，破贪欲！说廉洁，扬廉洁，身正能立世！

作者：鲁红莉

指导老师：谢荣萍

成都文理学院

08. 濯锦清江万里流，蜀地清风自不休

作者：关越元

指导老师：朱洁

西南交通大学

二等奖

O1. 廉以律己坦荡荡，清风两袖理昭昭

作者：唐心仪、胡悦圆

指导老师：刘素

四川师范大学

O2. 财广而非己不兼，谓之廉

　　　　　　　　——"廉"字拆解

作者：胥思佳

指导老师：朱洁

西南交通大学

O3. 把好权力方向盘，系紧廉洁安全带

作者：姜艺菲

指导老师：朱洁

西南交通大学

O4. 廉心满川行，巴蜀歌家风

作者：郭太巧、陆文静

指导老师：李扬

成都锦城学院

O5. 清风蜀地、廉润四川

作者：乔虹博

西南民族大学

O6. 思正则廉，身正则直，行正则威

作者：陈莹莹、李晓妍

指导老师：卢琳

四川大学锦江学院

O7.

1 扶危济困身先正，清廉高洁公仆品

（以《为时尚远》改编）

2 为官为政慎初心，为国为民廉从政

（以《三字经》改编）

3 廉洁奉公传佳话，执政为民指正途

（以《静夜思》改编）

4 清风拂槛高楼阁，廉洁从政兴家国

（以《登高》改编）

5 廉洁为政正得民心，履职为民明德奉公

（以经典著作汇编）

作者：宋磊、陈希恩

指导老师：付娆

西华大学

O8. 廉洁清如岷江水，清正稳似峨眉峰

作者：张嘉琦

指导老师：秦敏

西南石油大学

O9. 打打预防针，生出廉洁根；
　　念念紧箍咒，系好廉洁扣；
　　浇浇防腐剂，谨记廉洁意

作者：潘颖轩

指导老师：李涛

西华师范大学

O10. 明镜照堂前，清廉世中现

作者：张萍

指导老师：刘文

成都文理学院

O11. 吹拂莲城"廉风"，共享清风"廉意"

作者：张川

指导老师：尤甜

成都师范学院

O12. 一寸辉，可度过漫长的暗

作者：郭海翔

指导老师：刘文

成都文理学院

O13. 抬手拒绝贪腐，伸手拥抱清风

作者：代江兰

指导老师：朱洁

西南交通大学

O14. 公生廉，偏生暗；廉生威，贪生隙

作者：王清雨

指导老师：尤甜

成都师范学院

O15. 清风在川驻，廉政立巴蜀

作者：郭太巧、陆文静

指导老师：李扬

成都锦城学院

O16. 勿贪，勿腐，勿败；记廉，记洁，记爱

作者：杨晓雨、尹思懿

成都锦城学院

O17. 廉洁润初心、贪贿浊心魂

作者：李萌伟

达州职业技术学院

O18. 莫弃两袖清风，落得两手空空

作者：尹思懿

指导老师：朱举

四川农业大学

O19. 廉为先，公为本，法为守；贪为耻，私为欲，妄为陋

作者：陈丽红

指导老师：高成

四川航天职业技术学院

O20. 红遍是烛火的光焰，尽染是清风的续篇

作者：马力扬

指导老师：谢荣萍

成都文理学院

O21. 知黑白方可洁身，守方圆则为廉正

作者：顾宇凡

指导老师：朱洁

西南交通大学

O22. 尘雾之微，补益山海，廉正之芒，增辉日月

作者：曾鱼航

指导老师：李涛

西华师范大学

O23. 腐败一块冰、寒透百姓心；腐败一根针、刺痛百姓身

作者：曾铃琳

成都锦城学院

O24. 崇廉尚洁正气存、清风相伴新征程

作者：唐佳伊

指导老师：张雪萌

西南科技大学

三等奖

O1. 蜀中清风在，天府尽廉洁

作者：喻晗

指导老师：朱举

四川农业大学

O2. 勤廉至善、水到渠成

作者：史嘉欣

指导老师：曹邑

四川大学

O3. "莲"虽有落时，"廉"亦盛永恒

作者：尹思懿

指导老师：朱举

四川农业大学

O4. 半丝半缕守我之名节，一分一毫护民之脂膏

作者：孟琦尧

指导老师：尤甜

成都师范学院

O5. 贪是一杯毒药，五脏俱腐；廉是一盏清茶，怡神醒脑

作者：王清雨

指导老师：尤甜

成都师范学院

O6. 清正廉洁蜀我先行，克己奉公源远流川！

作者：江梅林

四川大学

O7. 川山蜀水望廉风永固，清风正骨保人民幸福

作者：江婷婷

指导老师：高成

四川航天职业技术学院

O8. 做官如东坡，不饮盗泉如出淤之莲；切莫学腐吏，为政不廉如利剑高悬

（注：苏轼号东坡先生）

作者：蒋雪敏

指导老师：唐溪若

四川文化产业职业学院

O9. "莲"洁清风，"镜"我心灵

作者：张川

指导老师：尤甜

成都师范学院

O10. 官帽难戴易取，廉心难洁易泯

作者：陈姿妤

指导老师：霍岩

成都锦城学院

O11. 以廉为德，以洁为本；以清为荣，以正为魂

作者：宋依帆

指导老师：徐天韵

西华大学

O12. 峨眉山高无杂林挡眼，嘉陵江清如廉风润心

作者：郭太巧、陆文静

指导老师：霍岩

成都锦城学院

O13.

1 莲苦，能治心热；廉贫，可致清正。

2 宁可清正残屋睡，不随腐臭住高枝。

3 贪贪贪，贪尽一生性命；廉廉廉，廉得一世清明。

4 贪如火，不止则燎原；欲如浪，不遏则滔天。

5 两袖清风朝天去，不带白丁一寸棉。

作者：蒋金文、钟庆华

指导老师：李扬

成都锦城学院

O14. 失廉半生清零、守正一世光明

作者：高思宇

四川大学

O15. 临两江绿水、承文端遗风

作者：江婷婷

指导老师：高成

四川航天职业技术学院

O16. 廉洁教育沁人心，风清气正伴我行

作者：李邱悦

四川文化产业职业学院

O17. 乘清正之风，做廉洁之事

作者：童婧怡

四川文化产业职业学院

O18. 清廉正直为人民，忠诚信义无私心

作者：包乾龙

西华大学

O19. 树廉洁之心、行公正之事、创国家之盛

作者：窦雅婷

指导老师：霍岩

成都锦城学院

O20. 青年廉洁心中记、莫等入狱空悔恨

作者：朱婧雅、刘梦

指导老师：霍岩

成都锦城学院

O21. 廉洁奉公，稳若珠峰

作者：黄旭阳

指导老师：尤甜

成都师范学院

O22. 何以清廉，牢记三一，一心为公，一身正气，一尘不染

作者：傅汝欢

指导老师：朱洁

西南交通大学

O23. 廉洁传美德，清风抚民心

作者：宋依帆

指导老师：徐天韵

西华大学

O24. 贪污落得千人憎，清廉赢得万民心

作者：张悦

指导老师：尤甜

成都师范学院

O25. 薪火相传担使命、洁清自矢颂廉洁

作者：钟玲林

指导老师：徐天韵

西华大学

O26. 贪尽一生前途，廉得一世喜乐

作者：温丽琼

指导老师：李林蓉

四川文化产业职业学院

O27.

锦绣川西，山水如画

廉洁四川，风清气正。

反腐倡廉，一路前行，

清廉正直，让人民安心。

从点滴做起，从自身做起，

诚信为本，勤政为先。

官员廉洁，人民有福，

社会和谐，国家更强。

奋斗不息，披荆斩棘，打虎拍蝇，一鼓作气。

法律为轨，正义无私，廉洁四川，让人们赞叹。

让我们共同努力，建设廉洁四川，让每一个人都感受到，公正的阳光。让我们肩负起责任，以实际行动，让廉洁成为我们的信仰。

作者：李若愚

指导老师：范逢春

四川大学

O28. 恪守初心，尽责育人，以德服众，以廉铸魂

作者：马腾

四川大学

O29. 清风两袖过，正气存襟魄

作者：秦思雨

四川文化产业职业学院

O30. 清风永开，"花萼愚公"。
一双草鞋，穿出清廉本色。
两手泥土一心为民。
心系党和国家，终生一心为民。
作者：胡茵
四川文化产业职业学院

O31. 清风蜀地，廉洁四川
作者：张雅博
指导老师：李扬
西藏职业技术学院

O32. 爱，莲之出淤泥而不染；行，廉之为百姓
而不负
作者：肖凯月
指导老师：赵广远
成都理工大学

O33. 公仆甘做马，饮水忆开明
作者：姚汶男
指导老师：张雪萌
西南科技大学

O34.
1：伞骨直，经年不朽；脊梁正，终身廉清
2：廉洁清风拂心喉，皎皎明月照眼眸
作者：杨思钰
指导老师：李扬
成都锦城学院

O35. 廉洁身心，廉政省心
作者：张蔚
指导老师：尤甜
成都师范学院

O36. 勿怨清廉淡滋味，应喜身正一身轻
作者：黄子娇
指导老师：李扬
成都锦城学院

O37. 教子唯忠唯孝，治家克勤克俭；共建廉洁
家风，惠泽子孙后代
作者：张川
指导老师：尤甜
成都师范学院

O38. 两袖清风，怀德自重
作者：悦也、王催晓
指导老师：刘文
成都文理学院

O39. 廉洁如水，清澈透明
廉洁似风，正气无疆。
廉洁为政，利国利民。
廉洁执政，国泰民安。"
作者：王柳蔺
指导老师：谢荣萍
成都文理学院

O40. **以清风为笔，绘世间清廉**

作者：周晓梅

指导老师：尤甜

成都师范学院

O41. **明镜照影明佳境，明心固守明日兴**

作者：罗程成

指导老师：朱洁

西南交通大学

O42. **身处污泥而不染，心遇贪尘而不惹**

作者：刘李玲

指导老师：尤甜

成都师范学院

O43. **一心为正是政廉，一己之私为祸根**

作者：张紫月

指导老师：高成

四川航天职业技术学院

O44. **一钱太守清正廉洁流芳百世，金牛御史贪墨成风遗臭万年**

作者：李小兰

指导老师：李涛

西华师范大学

O45. **清风拂山岗，廉洁筑辉煌**

作者：徐颖超

指导老师：高成

四川航天职业技术学

O46. **清廉如兰竹，贪念如蛇鼠**

作者：张家桤

指导老师：李杨

西藏职业技术学院

O47. **五十官载两清风，五代清郎淡泊身。名传千古世人知，时代青年传精神**

作者：罗娜

指导老师：刘丽娇

成都锦城学院

O48. **为官当人杰，事明人自清，明廉人自信，明洁人自立**

作者：谢宇千

指导老师：周来

四川文化艺术学院

O49. **"祸"从贪始"福"自廉起**

作者：张心玉

指导老师：李扬

成都锦城学院

获奖者说

1.《廉洁品自高，贪赃法难容》

钟玲林　西华大学　主题海报
四川省第二届"510"廉洁文化宣传月活动廉洁文化公益广告创作大赛 平面设计类一等奖
这次参赛让我进一步学习廉洁文化，增强抵抗腐败的能力。我要积极学习廉政知识，提高自身廉政修养，规范好自己的行为，做一个廉洁的好公民。

2.《左光禄大夫》

越子源 四川传媒学院 微小说、微剧本
小创奖金奖
为什么我会选择以古代为时间背景，并假借三个角色来表达人的欲望呢？因为我觉得当今世人多尊古而贱今，以古典的历史故事为背景，可以吸引读者兴趣，毕竟无论货物好坏，先吸引客人来你的摊位瞧瞧是重中之重；而假借他人之名，让读者自己参与到人物身份的思考中，既升华了主题，又增加了小说内容的厚重感和趣味性。

3.《悬顶之剑》

魏子又　成都师范学院　LOGO 设计及应用
小创奖银奖
作品的好坏不单单在于它的视觉呈现美丽与否，好的作品当蕴含深刻的寓意，与当前主题契合。恰当地呈现主题的内涵是一件作品成功的基础。

4.《廉洁四川 LOGO》

张亚林　四川工程职业技术学院 LOGO 设计及应用
这次获奖是我个人成长道路上的一个重要里程碑，我将继续努力提升设计和创意方面的专业技能，同时积极参与到更多社会公益活动中，以实际行动去践行廉洁文化。

5.《争做廉洁我最强》

姜姗姗 四川工程职业技术学院 表情包
在比赛开始之前，我对主题进行了全面研究，了解行业动态和相关的创新趋势。创新需要勇气和决心。参加大广赛是一次非常有意义和宝贵的经历。

6.《枪打出头鸟》

尤艺杰　四川旅游学院　微小说、微剧本
比赛过程中与其他优秀创意人才的交流，让我学会交流合作，并获得了成就感和动力。这样的交流不仅扩大了我的视野，激发了我的思维，也丰富了我的创作灵感。

7.《廉洁四川文创》

熊岩松 成都体育学院 LOGO 设计及应用

廉与洁是社会稳步发展不可或缺的优秀品质。熊猫代表了四川；竹子中通外直、坚韧、虚心；莲花的出淤泥而不染，代表了廉洁这一优秀的品质。口罩是抵御外界病毒、粉尘之物，亦可把不良作风比作病毒、粉尘，口罩将其隔绝。把这一形象 LOGO 印在口罩上也时刻警醒人们廉洁、正直、拒绝诱惑。

8.《吴讷题诗拒黄金》

杨眉丽佳 成都理工大学 微电影

我是一名跨专业的同学，这是我进入新专业学习后获得的第一个专业奖项。回想起创作的日子，用了一周进行构思和剧本分镜的创作，完成拍摄的那个下午真是美好！在一遍一遍过镜头的时候，在一次一次递道具的时候，我体会到了拍摄作品的快乐！

9.《五四来信》

雷柯双子 成都体育学院 微小说、微剧本

我们想创造出一个以时空对话为主题特色的作品，创作作品时正值五四青年节，由此就有了一个新想法：百年前的青年对比当今时代青年，就是建构 2023 年的青年与1919 年的青年跨越时空对话这样一个情节。

我们或许无法完全了解参与这场运动的每一位青年，但也许我们可以用这种方式去窥见他们的一隅风采，去接过他们手中的接力棒，继续奋斗。

10.《百变廉》

潘颖轩 西华师范大学 创意文案

对于我此次参加的创意文案赛道来说，我认为获奖的关键还是在于一个"新"字。用一些新鲜的词产生新鲜的关联，碰撞出不一样的效果，才能收获意想不到的惊喜。

11.《清廉为民》

黄世昀 成都理工大学 主题海报

我们纠结了很久，有考虑过扁平风、国潮风等，最后选用了剪纸这个风格来表现。剪纸层级叠加丰富，色彩明快，也非常喜庆。我们一共创作了三张剪纸画作为一个系列，画面主要人物选取分别为：包青天、军人、学生。

12.《廉洁 IP 形象设计》

冉静 成都理工大学工程技术学院 IP 动画形象

廉洁文化需要新时代的表达，以更多人喜闻乐见的方式呈现。在老师的指导下，我们得到新的设计灵感，更明白要如何精进自己的设计。

13.《诵苏轼之词，扬清廉之风》

仇琬玲　四川工商学院　AI

我观察学习了大量清廉文化作品，最终确立以"三苏"为主题创作。创作过程中提取三苏诗句作为主题，然后将诗句与画面结合，不断调整和改进。

14.《一出好戏》

蔡嘉骏　四川文化艺术学院　微小说、微剧本

"以史为镜，知史鉴今，历史是最好的教科书。"这句话给了我们启发，我们翻阅了许多中国历史上的廉洁故事，于是将豫剧《下陈州》的故事融入作品，用历史故事的大视角聚焦到人物身上的小视角，以此来警示人们。这次尝试也让我们明白，成功并不是一蹴而就的，我们必须张开怀抱去迎接可能到来的失败，才有可能成功。

15.《廉洁 LOGO》

胡浩　四川工商学院　LOGO 设计及应用

从选题，到调研，我深刻了解了廉洁文化。一开始不成熟的图像标志，只会异想天开没有根据，软件使用得不灵活导致第一版出来的作品不具美感……在老师的点拨和引导下，我观看了很多相关的优秀作品，再去寻找文化元素，例如莲花、三星堆、熊猫、电视塔等，将辅助图形特点精炼，和图形的巧妙结合，才有了最终的成品。

16.《物鉴廉》

王雨　四川电影电视学院　主题海报

本次比赛的作品取名为《物鉴廉》，意即从某一个物品之中来观看来鉴定廉洁的意义以及何为清廉。因此，我选择了广为人知的与廉洁二字相关，拥有同样美德的物品。第一张以铜镜和莲花两种元素结合进行主题海报设计。第二张海报则是选了竹和仙鹤。

17.《黎明将至》

尹一雯　成都理工大学　微电影

最重要的就是主题的选择和题材的选取，之后便是整体的画面效果，一定要具有质感。作为学生参赛作品，我们的资金有限，设备也有限，我们把全部的花费都聚焦到了场景和服化道上，这给我们的画面提供了非常好的视觉效果和感官享受。

18.《执政以廉为本，为官以勤为先》

王文旭　四川电影电视学院　音频

文案以屈原《招魂》的第一句"朕幼清以廉洁兮，身服义而未沫"开篇，清晰地表达了廉洁的重要性。接着，通过对话的形式，展示了少年对廉洁的向往和对先生的敬仰。最后，以先生"民为贵，社稷次之，官为轻"的名言深化了对廉洁之道的理解。

19.《廉吏·廉洁》

吴玉欣 成都大学 主题海报

在整体配色上使用传统的中国红作为海报的主色调，同时以字画结合的形式，在书法汉字中勾勒出清官廉吏的嘉言懿行，让整体的海报设计更加具有传统的中国韵味，展现在党的领导下取得的一系列国防、科技等方面的辉煌成就，寓意为从古至今，国家的发展都离不开廉洁文化。

20.《朱德的扁担》

杨玉婷 四川师范大学 短片

我们想尝试用皮影戏的形式去创作广告，老师建议选择四川本地的名人作为主角，有组员就提到"朱德的扁担"这个大家耳闻能详的故事。
这是第一次尝试手工制作皮影和操作皮影，花了不少时间琢磨。在配乐上选择更有年代感的声音元素，在配音方面借鉴动画片的配音方式，恰好有一位组员非常擅长写毛笔字，便让她写下"扁担闪闪亮，廉洁心中藏"的字幅。

21.《竹之气节》

王佳琪 四川大学 LOGO 设计及应用

作品要和主题相关，和四川相关。能代表廉洁并且和四川吻合的意象是熊猫和竹子。查阅政府网站及其他相关作品后，我形成了大致的思路，以篆书"廉"字为主体，将其下半部分改为竹叶，颜色以砖红、竹青为主体色，浅灰色为辅助色。

22.《包拯的清廉六项》

陈玉 内江师范学院 表情包

自己本身很喜欢制作表情包，尝试过简单的 GIF 动图。"开封有个包青天，铁面无私辨忠奸。"这是我们自幼便从影视剧和大人口中熟知的故事，在这次活动里面，我对廉洁文化也有了更深层次的认识，在专业知识的学习上有了更多的长进。

23.《初心》

张杨婷 成都文理学院 音频

在大广赛这个平台让社会能够听见我们大学生的声音，让大众看见我们大学生面对社会种种腐败现象是一种怎样的审视目光。希望清廉之风也能像我文案中天上的虹、地下的泉一样映照人间。

24.《凤莲圆舞》

陈容 成都锦城学院 LOGO 设计及应用

从作品到获奖，是对自己的一种肯定。我是一名大一的学生，这是我的第一张大学时期的奖状。

25.《蛊》

王玲 绵阳师范学院 短片

本片通过"剪影"的拍摄方式，来"影"喻贪官的腐败现象。刚开始尽职尽责，努力工作，家庭美满和谐，夫妻恩爱，但逐步被各种物欲引诱，走向歧途，落得个一无所有的结局。作品灵感来源于"说文解字"，利用中国传统书法，将"腐"拆分开来，其中"付"字表示"权钱交易"，"肉"字表示"肉欲"，"广"字代表"保护伞"。

26.《不止》

史嘉欣 四川大学 主题海报

提到"廉洁"，我一开始有很多自认为很好的创意。指导老师问："你能画出这个吗？"我才意识到，我自身的能力还难以实现想法。

参赛过程中，我每周与老师进行面对面的交流和探讨，获得了很多有用的建议。作品经过了很多次的修改和完善，甚至还在半程将之前已经完成的作品推翻重做。

27.《以制度、束权力》

钟羽彤 四川信息职业技术学院 主题海报

不仅要有良好的设计基础，还要有更多发现创意的眼睛，从身边的小事物寻找创意，并加以改进，形成一个完整的公益海报作品。

28.《东坡》

蒋雪敏 四川文化产业职业学院 创意文案

此次参与大广赛，我的收获颇多。在编想文案时，需要朗朗上口，让看过的人都对此有印象。这个印象可以不用很深刻，但一定要有印象才行。

29.《廉洁四川》

王媛媛 眉山职业技术学院 主题海报

为了参加此次比赛，我在收集资料的同时了解了四川的文化魅力，这让我更加热爱自己的家乡。作品以"廉洁"二字进行再创，融合了四川文化，让海报更具有地域特色。蓝色和白色象征了纯洁与诚实、公正，提醒人们要保持清正廉洁的品质。

30.《梦》

丁玥文 四川大学 微小说、微剧本

剧本主要讲述一名职员为了升职，准备去给领导送礼。在送礼前不小心趴在桌子上睡着了。"梦里尚能改，人生难回头"。该故事警示人们切勿动邪念，人生不是梦境，应当从思想上严格要求自己，清白做事，坦荡做人！

31.《廉洁文化 IP 形象》

何媛媛　成都理工大学工程技术学院 IP 动画形象

用什么来代表廉洁文化？我首先想到的是熊猫，然后是獬豸、牛、海豚等动物，甚至狗也是代表着正义的。之后上网搜索代表廉洁的元素，及时记录想法，因为有些灵感就是一闪而过的。

32.《廉洁·苏轼》

邹巧越　内江师范学院　动画

受到剪纸动画《猪八戒吃西瓜》的启发，我选择了剪纸动画融合皮影的表演方法。剪纸动画最重要的便是做到技术与艺术的完美结合，通过 AE 的 3D 图层模式能更好更真实地将立体剪纸呈现出来，给人视觉上的冲击感。本动画选择了 PS+AE 完成，使苏轼始终坚守勤政为民、清正廉洁的一生跃然"纸"上。

33.《苏小廉的清正廉洁形象表情包》

谢晓嘉　宜宾学院　表情包

塑造以苏轼为榜样的廉洁表情包，传播苏轼两袖清风的廉洁信念、光明磊落的自信和为官廉洁奉公的品格，凸显出四川廉洁文化的历史底蕴。以现代 Q 版水器卡通形象为风格设计制作国风表情包，其可爱的表情示人以亲和力。创作思路为通过苏轼形象展现"拒绝贿赂""我要廉！""两袖清风""廉洁在我心""廉洁从政"等思想。

34.《阆州陈氏三兄弟》

郭莹　南充文化旅游职业学院 微小说、微剧本

"阆中胜事可肠断，阆州城南天下稀。"这是唐代诗人杜甫听了有关阆中的故事之后发出的感慨，也是我们创作灵感的来源。

作品以阆中陈氏三兄弟的故事为背景，以陈氏三兄弟中的陈尧咨为主人公，通过主人公来呈现良好的家风。确定整体框架后，我对剧情不断地删减与润色，避免无效情节和病句出现，精益求精。

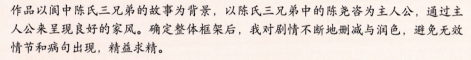

35.《清风廉、家国安》

张爱玲　四川工商学院　LOGO 设计及应用

川剧是中国戏曲宝库中一颗光彩照人的明珠。标志提取了具有四川特色的黑脸包公川剧脸谱、太阳神鸟元素，加之"四川"两字重新融合创造。

色彩上采用了红黄色为主的配色，整个色调为红色，视觉感受强烈，把红色文化与廉洁文化相结合，增强文化自信和历史自信。字体以书法字体为主，强烈的笔触，规则的形状，重量感，贴合了标志中包公执法如山、铁面无私的形象特点。

36.《四川廉洁文化文案》

任茜 四川大学 创意文案

这是我第一次参加大广赛，看到在本校的宣传，抱着尝试的心态，单枪匹马，搜肠刮肚地寻找灵感。

赛道的选择很重要。我的专业是汉语言文学，大多技术性较强或合作度较高的赛道我是没办法完成的，所以我选择了创意文案类。同时多方寻找灵感。最后，还要找到审美性与传播性的平衡。

37.《棋局》

胡沐坤 四川师范大学 音频类

由于大广赛广播类作品与其他赛道不同，在30秒内需要展现全部内容，那么遵循"5秒准则"，也就是在前5秒内有亮点、有悬念，才能在第一时间抓住受众的注意力。去年初我参加了大广赛。从去年秋天开始，我就着手准备今年的大广赛了。电梯里的广告、追剧时的广告、网络用语中的"顽梗"、生活中偶然看到一件物品联想到的广告都可以成为我们的灵感，但灵感总是在那么一瞬间，于是在想到的一瞬间我都立马用手机记下来！

38.《阳光之下》

郑林骏 四川文化艺术学院 短视频

作品用天平来具象化大学生对反腐倡廉的理解，以及对廉洁文化的理想信念。

39.《包小廉》

刘思宇 四川农业大学 IP动画形象

1.选题确定后尽量不要随意更改，也不要单打独斗，可以在班级里寻找伙伴；2.一定要画思维导图，一张清晰完整的思维导图可以有效地把所有创意记录下来，也便于后续筛选。3.要勤于画草图，多看一些好的作品，分析构图、配色以及设计缘由，尝试多画几版，不同的配色、构图、排版都会呈现不同的效果。4.绘制正稿时要细心，想要取得好的效果，细节的处理就要很完善。